Erlebte Vergangenheit

ISBN 3–7929–0111–0

Gestaltung und Herstellung: Roetherdruck Darmstadt
Lithos: Fritz Haußmann, Darmstadt

Erlebte Vergangenheit

Darmstädter Bürger erzählen

Herausgegeben
von Maria Stirtz

Eduard Roether Verlag

Inhalt

Zum Geleit

Unser Zwanzigstes Jahrhundert – es fing friedlich an und wollte, wie man verkündete, ein Jahrhundert des Kindes sein, in Darmstadt aber sollte es mit dem Jugendstil sogar ein Jahrhundert der Schönheit werden.
Stattdessen erlebten wir in der Geschichte, die über uns hereinbrach, vier Staatsformen: die Monarchie, die Republik, die Diktatur und die parlamentarische Demokratie, zwei Revolutionen: die rote und die braune, und die zwei Weltkriege, von denen der letzte 1945 für die Darmstädter mit der schrecklichen Verstümmelung ihrer Vaterstadt, für die vielen Neubürger mit dem Verlust ihrer alten Heimat, endete. Nun, nachdem sich Alt- und Neubürger in gemeinsamer Anstrengung eine neue Heimatstadt erarbeitet haben, blicken sie aus dem Ruhestand auf ihr Leben zurück.
Und siehe da, es gab überall schöne Augenblicke, sehr vergnügte Erinnerungen, es gab nicht nur Blut und Tränen, Trümmer und Schweiß. Davon zu erzählen, hält die Geschichte an ihrem menschlichen Zipfel fest. Das in der fließenden Zeit Versunkene tritt ins Bild und bleibt lebendig. Dazu sagt die Weisheit des Brahmanen: „Das Alte wird nie alt, es wird nur alt das Neue“. Wir sollten unseren Ältesten gerne zuhören. Ihr Leben ist ein reicher Schatz von Erfahrungen. Es schuf letzten Endes den sicheren Grund, auf dem die nachfolgenden Kinder und Kindeskinder weiterbauen können. Und, wie wir von der Geschichte Gebeutelten wollen, in Frieden und Freiheit.

H. W. Sabais
Oberbürgermeister

Annemarie Achenbach

Rund um den Langen Ludwig

Luisenplatz um 1912

Mein schönstes Erlebnis in Darmstadt! Das sollte doch für eine Darmstädterin, fast zu Füßen des „Langen Ludwig" geboren und fünfundzwanzig Jahre in seinem Schatten lebend, des Nachdenkens wert sein.

Geboren einige Jahre vor dem Ersten Weltkrieg, als noch Droschken, Pferdefuhrwerke, Milchwagen mit blanken Kannen, gelbe Postwagen, marschierende Soldaten, buntbemützte Studenten, blauuniformierte Schutzmänner, Laternenanzünder und die schwarze Dampfbahn die Straßen belebten. Ein Kind, im Mittelpunkt einer Stadt aufwachsend, von großen historischen Gebäuden und Denkmälern umgeben, wird wohl auch schon früh zu dieser seiner Umgebung eine Beziehung finden. Für mich gehörte das „Monument" – eigentlich der ganze Luisenplatz, zumal Vater dort auch noch die Brötchen verdiente – einfach dazu wie Hof und Garten.

Obwohl im Zentrum zu Hause, ging Mutter zu ihren Einkäufen immer „in die Stadt". Von klein auf waren mir die Straßen und Plätze vertraut. Die Geschäfte waren vielfach klein und dunkel, mit Waren vollgepfropft, davor Treppen, kleine, hohe, breite, schmale zur Freude der hüpfenden Kinderbeine. Die Nase konnte man sich an drei Spielwarengeschäften plattdrücken und Wünsche äußern – für den Geburtstag, zu Weihnachten und Ostern. Aber erst einmal hatte man artig zu sein.
Was gab es aber auch alles in der Stadt zu bewundern! „Mir packes noch, mir packes noch", so keuchte die „Strampelbahn" die Rheinstraße herauf, bis sie am Jagdhaus den letzten Schnaufer tat: „Mir hawwes gepackt". Griesheimer Marktfrauen, einen vollbepackten Korb auf dem Kopf schaukelnd, an jedem Arm einen Henkelkorb, stiegen aus. Buntes Leben spielte sich auf dem Markt ab, wo Mutter zum „Madamche" wurde. Vor einem Kino stand ein richtiger Neger und verteilte Programme, in einem Schaufenster in der Ludwigstraße saß ein ausgestopfter weißer Hund und lauschte auf „die Stimme seines Herrn" aus dem Grammophon, auf dem Türmchen des Kaufhauses Wronker balancierte ein Jüngling auf einer Fußspitze (daß er Merkur darstellte, den Gott des Handels, erfuhr ich erst später). In der Mercks-Apotheke spielten auf dem Fußboden Streifen in den Farben des Regenbogens, hervorgerufen durch die geschliffenen Türscheiben. Bei den Gebrüdern Fuld in der Kirchstraße schrieben die Inhaber die Preise der gekauften Waren mit Kreide hübsch untereinander auf die Theke, zählten die Rechnung zusammen und wischten sie schließlich mit dem Ärmel wieder weg. Delikateßläden gab's mit Genüssen, die unsrem Gaumen fremd waren. Sehr beschäftigten mich immer die „Hoflieferanten". Daß man die gleichen Dinge haben konnte, die auch der Großherzog kaufte, beeindruckte mich sehr. Der „Weiße Turm" weckte in frühen Jahren bei mir immer ein unbehagliches Gefühl wegen der „Weißen Frau" und dem unterirdischen Gang, der vom Schloß zu ihm führen sollte. Die Denkmäler da und dort in der Stadt bewunderte ich. Aber warum ausgerechnet der Goethe im Herrngarten nackt und schwarz war, das wollte mir nicht in den Kopf.

Im Frühjahr stellten die Caféhäuser die frischgestrichenen weißen Holzgitter mit den roten Geranien auf die Straße und Tische und Stühle dahinter. Für mich war das faszinierend, trotz Mutters Bemerkung, daß dies nur etwas für die „foine Lait" sei. Wie oft wurde einem gesagt, daß dies und das nichts für „unser Sort

Ernst-Ludwigs-Platz 1907 mit Verkehrsbüro

Lait" sei, sondern nur für die „Reichen". Das focht uns nicht an; es gab nun einmal Leute mit vielem Geld, und dazu gehörten wir nicht. Aber wir gehörten auch nicht zu den „armen Leuten", die in den engen Gassen des ganz alten Darmstadt wohnen mußten. Hier machten die Bürger deutliche Unterschiede. Bescheiden war das Leben schon. Von einem Konditoreibesuch mit einem roten und grünen Törtchen auf weißem Marmortischchen zehrte ich meine ganze Kindheit. Vater ging mit uns nur in Bierwirtschaften, das kam am billigsten: im Sommer in Gartenwirtschaften – wie schon zu Datterichs Zeiten öfters mal nach „Traase" – oder in die großen Bierwirtschaften in der Dieburger Straße, wo „der Weber spielte" und die „Brezel-Resi" tanzte. Wie freute man sich auf Limonade, Fastebrezel oder einen Hartekuchen!

Uns gehörte die Straße, der Bürgersteig sowie die Fahrbahn, die „Mitte Straß". Im Winter wurde den Wilhelminenbuckel heruntergerodelt, auf spiegelglatten Schleifen der Schulweg in der oberen Wilhelminenstraße sausend zurückgelegt. Auf dem „Drottewar" vor dem Alten Palais ließ sich ungestört dobschen, hickeln, Bickel und Ball spielen, Stelzen und Rollschuh laufen. In der Waldstraße, wo mehr Kinder wohnten, ging's schon wilder zu. Dabei fällt mir jener Knabe ein, der „Ludi", immer adrett im blauen Anzug, nie schmutzig wie wir anderen – unser aller späterer Oberbürgermeister Dr. Ludwig Engel. Fangspielen auf den Stufen des Monuments, schaukeln auf den dicken Ketten des Battenberg-Palais, des Sommers ein kühles Fußbad in dem Olbrich-Brunnen. Selten kam man in den Genuß einer winzigen Portion Eis, da die Eiswagen nicht sehr häufig herumfuhren. Auch Mineralwasserwagen sorgten im Sommer für Erfrischung, aber enorm heiß mußte es schon sein, bis man einmal einen Zehner für ein Glas erhielt. Auf die „Meß" freute man sich schon wochenlang, auf das Karussellfahren, auf die Zuckerstangen, eine Tüte Magenbrot. Das höchste der Gefühle waren ein bunter Luftballon und ein ganz bescheidenes Meßstück von Mutter. Ein weiterer Höhepunkt im Jahreslauf war die „Weihnachtsmeß" mit ihrem vorweihnachtlichen Zauber, bei der der Christbaumschmuck ergänzt wurde und man einen Lebkuchen-Nikolaus erhielt.

Mein erster Theaterbesuch, ein Weihnachtsmärchen, von der ersten Galerie herab verfolgt, versetzte mich in so maßloses Miterleben, daß ich den Musentempel mit einem nassen Höschen verließ. Schon früh nahm mein Vater mich in Kirchen und Museen mit, was meinen Wissensdurst anfachte. Aber er ging mit mir auch ins damals noch stockdunkle, pausenlos spielende Kino, so daß ich mit sieben Jahren schon einige Teile des Films „Die Herrin der Welt" gesehen hatte und für Mia May schwärmte. Auf dem Schulweg statteten wir der „Runden Kirche" ab und zu einen Besuch ab, deren Inneres mich immer wieder gefangennahm. Sonntags stürmten wir oft ins Museum und dort in die Biologische Abteilung, um die Entwicklung der in Gläsern aufbewahrten Embryos zu studieren, denn in der Schule erzählte man uns doch nur vom menschlichen Skelett, aber nicht das, was wir so gerne wissen wollten.

Von Kindesbeinen an zur Sparsamkeit erzogen, entwickelten wir doch schon bald einen guten Geschäftssinn. In jüngeren Jahren wurden Kastanien gesammelt und verkauft, einmal sogar großherzogliche. Man hatte uns erlaubt, im Garten des Neuen Palais zu sammeln. Anfangs der zwanziger Jahre traten die Althändler auf den Plan. Das waren auch für uns goldene Zeiten. Lumpen, Flaschen, Papier, alles wurde verkümmelt, sogar der Gang in die Altstadt wurde nicht gescheut. Schon hatte ich unzählige Flaschen als sehr gut bezahlte Sektflaschen abgesetzt,

Eiswagen nach einem Aquarell von Georg Wüst

als beim vorletzten Gang festgestellt wurde, daß für diese „Wasserflaschen“ nur 10 Pfennige gezahlt würden. Noch heute freue ich mich über mein damaliges gutes Geschäft. Sogar mit Kartoffelschalen handelten wir. Ein Erlebnis dabei hat uns besonders beeindruckt: in dem Raum einer Wohnung, wo wir sie absetzen konnten, hausten mit den Menschen gleich auch die Hühner.

Vierzehn Jahre und sieben Wochen – ich war ein Backfisch. Studentenmützen wurden gezählt, um das Orakel nach dem „Zukünftigen“ zu befragen. In der Ernst-Ludwig-Straße gab es den „Bummel“. Wie jede meiner Mitschülerinnen hatte auch ich einen Theaterschwarm. Oft lief ich in die Elisabethenstraße, wo im Schaukasten der Hofmusikalienhandlung Thies Postkartenfotos der Schauspieler und Opernsänger ausgestellt waren. Mit einer Freundin gelangte ich einmal statt in die Landesbibliothek zum liebenswürdigen Graf Hardenberg. Einen richtigen Grafen kennenzulernen, war zu einer Zeit, als Courths-Mahler und die Marlitt immer noch hoch im Kurs standen, schon ein Erlebnis.

Allmählich wurde ich erwachsen und unsere Stadt wuchs auch. Es gab neue Viertel, größere Geschäfte, moderne Kinos, das Familienbad auf der Insel im Woog, das Herrngarten- und das Unioncafé, eine neue Festhalle, nicht schön, aber groß. Wir gingen tanzen und machten Bekanntschaften. Die Eiswagen kamen häufiger und die Portionen wurden größer. Trachten-, Turner-, Sänger- und Regimentsfeste wechselten miteinander ab. Ich erlebte Denkmalseinweihungen, die Fallschirmspringer auf dem Flugplatz Lichtwiese, den ersten Zeppelin nach dem Krieg über unserer Stadt. Wir am Luisenplatz waren gut dran, denn vieles spielte sich um den Langen Ludwig ab. Ob während der kurzen Franzosenbesatzung nach dem Ersten Weltkrieg die Marokkaner morgens vor der Deutschen Bank ihr Platzkonzert gaben, Hindenburg in der „Traube" abstieg, am Verfassungstag ein Feuerwerk vom Monument abgebrannt wurde, die Studenten zur Sonnwendfeier zogen, der Erbgroßherzog zur Trauung in die Schloßkirche fuhr – in Darmstadt war immer etwas los, die „ganz Stadt war uff de Baa" und man war dabei.

Mein schönstes Erlebnis in Darmstadt? Nun bin ich doch wohl vom Thema abgekommen. Oder? Die kleinen alltäglichen Erlebnisse des Kindes und der Jugendlichen, die sich in dieser Stadt in einer stilleren, bescheideneren Zeit abspielten, sind heute noch nach Jahrzehnten in mir lebendig geblieben. Also waren sie alle zusammen mein schönstes Erlebnis – das Erlebnis meiner Vaterstadt. Ein Trost ist mir, daß der Vertraute meiner Kindheit, der Lange Ludwig, noch genauso über die Stadt schaut wie vor über sechzig Jahren, als ein kleines wißbegieriges Mädchen sich anschickte, von seiner Heimatstadt Besitz zu ergreifen. Um die Säule sank später alles in Schutt und Asche, aber sie blieb standhaft inmitten der Trümmer.

Der Wiederaufbau kam, der Verkehr umbrandete sie, und die zu ihren Füßen überdimensionale Wühlerei hat ihr nichts angetan. Der Lange Ludwig steht nun seit fast 135 Jahren, bis heute ein ruhender Pol in einer sich stets verändernden Umwelt, wie damals, als eine müde Zehnjährige auf dem Fahrrad die Griesheimer Chaussee stadteinwärts strampelte, den Blick auf den langsam immer größer werdenden Langen Ludwig gerichtet, denn zu seinen Füßen war sie daheim.

Alexanderpalais am Luisenplatz, 1882

Luzie Engel schrieb am 3. 1. 1977 zu diesem Beitrag

Liebe Frau Stirtz! Haben Sie herzlichen Dank für Ihre guten Wünsche. Ich habe mich uber die Schilderung, geschrieben von Annemarie Achenbach, sehr gefreut und sie mit großem Vergnügen gelesen. Schade, daß mein Mann sie nicht mehr lesen konnte. Er wird doch sicher Annemarie Achenbach gekannt haben, da sie in seiner Nähe wohnte. Damals waren die Menschen noch nicht so verwöhnt, und hauptsächlich die Kinder waren nicht so anspruchsvoll wie heute. Aber damals hat man noch nichts vom Krieg gewußt, man hat jeden Pfennig, den man übrig hatte, auf das Sparbuch gebracht, und man wußte nichts von Geldentwertung. Auch konnte man mit Vergnügen auf der Straße, sogar auf dem Luisenplatz, spielen.
Mein Mann hat mir viel von seiner Jugend erzählt, und ich kann ihn mir im blauen Anzug gut vorstellen. Trotzdem war er ein richtiger Gassenbub.
Ich selbst kam nie in die Stadt. Wir wohnten in der Taunusstraße, wo sich meine ganze Kindheit abspielte. Wer heute nicht

Ludwig Engel als Knabe

das Glück hat, in einer abgelegenen Straße zu wohnen, lernt nie das „Gassenspielen“. Dieses Glück haben meine Enkelkinder hier in Oslo. Wir wohnen ruhig, es fährt kein Auto an den Häusern vorbei, und es wird viel auf der Straße gespielt. Allerdings ist dort jetzt im Winter alles vereist, da gehen die Enkel eben mit den Schlittschuhen oder den Skiern weg. Aber sie halten sich auch viel im Haus auf, da Fernseher und Plattenspieler doch sehr anziehend sind.

Wir können die Zeit nicht zurückdrehen und sind froh, daß es Autos und Flugzeuge gibt, obwohl das Leben so hektisch ist und niemand mehr richtig Zeit für den anderen hat . . .

Helmut Behr

Sonnenfinsternis in Livland

Alles erschien mir bleibend und ewig: die Birke vor der Veranda unseres Doktorates in Stackeln, das Starenhäuschen an der Birke, die Kiefern, Fichten und die Flieder- und Faulbaumbüsche, der unheimliche Dachboden mit den piependen Fledermäusen am Schornstein und dem alten Rehfell auf der Leine, das im Winde hin und her schaukelte.

Gewiß, die Bäume wuchsen, meine Brüder und ich wuchsen. Das merkte ich an den Kerben in der Türfüllung im Speisezimmer. Aber sonst fiel mir nichts an Veränderungen auf, auch wenn es die Erwachsenen immer wieder sagten.

Unser selbstgezimmertes Floß an einem toten Arm unseres Flusses, der so romantischen livländischen Aa, lag stets im Versteck am Ufer, und die Seerosen blühten jeden Sommer, wenn wir mit einer langen Stange auf unserem „Schiff" durch das Wasser stakten.

Pünktlich zu meinem Geburtstag kam der erste Schnee, Anfang Dezember. Unser Rodelschlitten stand im Keller bereit, und die Kachelöfen bullerten am frühen Morgen, wenn sie mit trockenen Birkenkloben geheizt wurden.

Mittags und nachts passierten die Petersburger Schnellzüge unsere kleine Station, abends wurden Güterzüge zusammengestellt, und die Pfiffe der Lokomotiven und das Tuten der Weichensteller gehörte zur Abendmusik.

Konnte das jemals anders werden?

An einem heißen Sommertag sagte unsere Gouvernante, wir sollten mit ins Dorf kommen, um beim Fotografen alte Glasplatten zuschneiden zu lassen, denn es gebe morgen eine Sonnenfinsternis, eine totale, hob sie hervor.

Am Abend holte mein Vater den alten Globus, eine Kerze wurde angezündet, und eine kleine Kugel wurde zwischen beides gehalten, so daß wir sahen, wie sich der Mond vor die Sonne stellte. Anschließend wurden die Glasplatten über der Kerze geschwärzt.

Tags darauf herrschte herrliches, klares Sommerwetter. Kein Wölkchen trübte den blauen Himmel. Meine Eltern, meine

Brüder, unsere Gouvernante, unsere russische Bonne, unsere lettischen Dienstboten und viele Bekannte versammelten sich vor der Veranda.

Wie vorausgesagt, begann auf die Minute genau das große Ereignis: der Mond schob sich langsam vor die Sonne, und je dämmriger es wurde, desto stiller wurde es. Unsere Hühner gingen in den Hühnerstall, die Vögel verstummten, und alle schauten wir gebannt durch die geschwärzten Glasplatten.
Da sagte mein Vater: „Wie die Zeitungen berichten, wird so eine totale Sonnenfinsternis in unserer Gegend erst nach 50 oder 60 Jahren wieder zu beobachten sein."
Das erschreckte mich sehr!

Wie sollte ich mir das vorstellen? Nach 50 bis 60 Jahren! – Wie würde dann alles aussehen, wer würde von uns dann noch leben? Was würde aus meinen Eltern, meinen Brüdern und aus mir geworden sein?
Sollte das bis dahin ewig Bleibende doch nicht ewig bleibend sein? Sollte alles, was ich liebte, die Menschen und Tiere, meine, unsere Welt, in der ich jeden Fußpfad, jede Lichtung, jedes Dickicht kannte, verändert oder verschwunden sein?
Sollte es wahrhaftig keine Johannifeiern mehr geben, mit brennenden Teertonnen auf hohen Stangen und mit den Liedern der Letten und Esten, die alljährlich bis zur Morgendämmerung erschallten?

Würde ich nach 50 oder nach 60 Jahren alt, krank oder womöglich nicht mehr am Leben sein?
Aber vielleicht wird ein Wunder geschehen, und alles wird so schön und vertraut bleiben wie bisher?
Wenige Jahre später war der Erste Weltkrieg ausgebrochen. Ein Militärtransport folgte dem anderen. Auf der Landstraße ritten Kosaken an die Front. Deutsche Kriegsgefangene wurden ins Hinterland gebracht. Die russischen Wachmannschaften erlaubten uns sogar mit ihnen zu sprechen, denn sie würden uns nichts tun, meinten sie wohlwollend.

Von Jahr zu Jahr gab es weniger zu essen. Wer von uns hatte früher schon an das Essen gedacht?
Wir wuchsen in die Katastrophe hinein und sahen unser Dasein in ihr, als der Krieg zwischen Rot und Weiß seine Schrecken ausbreitete.

Frieren und Hungern gehörten zum Tagesablauf. An Blut und Tote bemühten wir uns zu gewöhnen. Erschießungen konnten

Die livländische Aa bei Stackeln um 1910

wir entgehen. Verhaftungen und Verschleppungen überstanden wir, bis auf meinen Vater.

Unser Doktorat in Livland hatten wir längst verlassen. Das Hungern und Frieren dauerte weiter an. Der Haß erlosch nicht.

Nach Jahren der Erholung fing die Katastrophe von neuem an, in noch größerem Ausmaß als bisher.

Wieder Krieg, Umsiedlungen, Demütigungen und Kriegsgefangenenlager.

Aber ich uberlebte in der sich standig verandernden grausamen Umwelt.

Meine Mutter, mein älterer Bruder, viele Verwandte und Freunde waren gestorben oder umgekommen. Ich war verheiratet, hatte einen Sohn, war in Hessen gelandet und hatte in Darmstadt eine Arbeit und eine Aufgabe zum Wiederaufbau gefunden.

Meine Frau hatte nach ihrer Flucht und nach vielen Umwegen nur meinen kleinen Sohn und unsere alte Schlittendecke, in der sie ihn vor dem Erfrieren geschützt hatte, in den Westen mitgebracht.

Ich selbst kam kahlgeschoren mit einem geflickten Brotsack, einem Löffel und einem Stückchen Seife hierher.

Eine Brücke zur Vergangenheit in Form von irgendwelchen Erinnerungsstücken gab es, außer der alten Schlittendecke, nicht. –

Eines Tages klingelte der Briefbote und brachte ein Einschreibe-

päckchen. Das war an sich nichts Besonderes. – Oder war es doch etwas Besonderes?
Es war der Nachlaß unserer einstigen Gouvernante, die in Lübeck gewohnt hatte!
Durch Zufall hatte ich die Adresse der fast 90jährigen erfahren und die briefliche Verbindung mit ihr aufgenommen. Jetzt war sie gestorben.
Sie wurde 1914 als deutsche Staatsangehörige in die kirgisische Steppe verschickt und dort bis zur Revolution interniert. 1920 war sie mit ihrem Hausrat nach Deutschland gezogen und im Zweiten Weltkrieg nicht ausgebombt worden.
Gespannt öffnete ich das Päckchen. Es enthielt ein vergilbtes Fotoalbum, Briefe meiner Eltern, Briefe von uns Kindern und Zeichnungen, in denen wir die täglichen Ereignisse unseres Lebens festgehalten hatten.
Da sah ich plötzlich unser Haus, unseren Garten, unsere Spazierwege, unsere geliebte Aa, mit der schiefen Tanne am Ufer, die bei einer großen Überschwemmung im Frühling nicht weggerissen worden war. Da waren Aufnahmen von meinen Eltern und Aufnahmen von uns Kindern, die in meiner Erinnerung längst abgesunken und überdeckt waren von den unruhigen und grausamen Geschehnissen dieses Jahrhunderts.
Unter den Briefen fand ich ein Blättchen mit einer Zeichnung

von mir. Da standen wir alle, kindlich wiedergegeben, mit geschwärzten Gläsern in den Händen, und schauten zur Sonne. Meine Eltern, die jetzt verstorbene Gouvernante, die russische Bonne und wir drei Brüder mit spitzen Tirolerhüten und roten Hahnenfedern, Hüte, die meine Eltern von ihrer letzten Auslandsreise mitgebracht hatten und auf die wir sehr stolz waren. Sonnenfinsternis 1910. Oder war es vielleicht 1911 oder sogar 1912?
Das Zauberland meiner Kindheit war erschienen, nach 60 Jahren, hier in meiner zweiten Heimat, unverändert und ewig bleibend, so, wie ich es mir einst so sehnlichst gewünscht hatte!
Es war also doch ein Wunder geschehen!
Die Schnellzuglokomotiven pfiffen, die Bahnwärter tuteten, die Güterzüge rangierten, – und die schiefe Tanne war immer noch nicht umgestürzt!
Weit leuchteten die Feuer in den Teertonnen ins Land hinaus, die Johannilieder erklangen, und die Blumen in den Gärten und auf den Wiesen dufteten so, wie sie nur zu Hause duften konnten.

Hildegard Bistritschan

Ausfahrt und Rückkehr

In meinem Reisepaß steht: Geburtsort Darmstadt. Ich bin also ein echtes Heinermädchen. Doch im zarten Alter von sechs Wochen wurde ich, wohlverpackt in einem Steckkissen, nach Worms gebracht, wohin mein Vater kurz vor meiner Geburt versetzt worden war. Ich verlebte mit den Eltern und den beiden älteren Schwestern eine fröhliche Kindheit, von den Sorgen der Erwachsenen in der Zeit des Ersten Weltkriegs und danach merkte ich nicht viel. In den Ferien durfte ich manchmal zu meiner Großmutter Lauteschläger nach Darmstadt fahren, die in der Dieburger Straße wohnte. Das Haus steht heute noch. Es ist so ziemlich das Einzige, mit dem sich bei mir Kindheits- und Jugenderinnerungen verknüpfen, fast alle anderen Stätten sind der Zerstörung zum Opfer gefallen.
Nach dem Ersten Weltkrieg hatten die Franzosen das linke Rheinufer besetzt. Mißliebige Personen wurden ausgewiesen. So

mußte auch mein Vater im Juni 1923 Worms plötzlich verlassen und ihm die Familie innerhalb von vier Tagen folgen. Wir fuhren natürlich nach Darmstadt, wo wir bei Dr. Noellner in der Hölgesstraße gastliche Aufnahme fanden. Nach mehrmaligem Wechsel konnten wir in die geräumige Dienstwohnung in der Karlstraße einziehen. Das Gebäude lag früher vor den Toren der Stadt und diente, bevor es Gymnasium wurde, als Waisenhaus. Daher stand vor dem hübschen Eingangsportal ein steinerner Opferstock. Das Portal überstand die Zerstörung. Es fand nach dem Zweiten Weltkrieg seinen Platz im Herrngarten als Eingangstor zum Prettlackschen Garten, einem Teil des Prinz-Georgs-Gartens. Das Haus an der Karlstraße umschloß zusammen mit zwei späteren Anbauten hufeisenförmig den Schulhof. In der Mitte stand die riesige alte Dilthey-Kastanie, unter der Generationen von Schülern des LGG ihr Frühstücksbrot verzehrten, schnell ihre Aufgaben nachsahen oder rauften. Alle Schulräume wurden damals mit mächtigen Kanonenöfen geheizt. Die Schüler trieben manchmal Schabernack, indem sie starken Rauch entwickelnde Dinge in das Ofenfeuer warfen.
In Darmstadt lebten wir uns schnell ein, ich fand in der Viktoriaschule nette Freundinnen. Noch heute halten wir zusammen und denken beim Klassentreffen an die Schulzeit zurück. Wir trieben viel Sport, im Sommer ging's in den Woog, im Winter ins Hallenbad. Außerdem turnten wir in der Turnhalle der Turngemeinde am Woogsplatz oder spielten am Böllenfalltor Tennis. Am schönsten waren jedoch die Wanderungen durch die herrlichen Wälder der Umgebung, nach Kranichstein, zur Dianaburg, zu den verschiedenen Quellen und Brünnchen im Roßdörfer Wald, in den Odenwald, auf den Frankenstein und im Frühling an die blühende Bergstraße. Welch weite Strecken legten wir damals zu Fuß zurück. Mit dem Fahrrad erkundeten wir die fernere Umgebung, oft waren wir mehrere Tage unterwegs, wir übernachteten in Jugendherbergen. Manchmal war es da recht einfach, doch das tat der Freude keinen Abbruch. Die Lehrer hatten viel Verständnis für unsere Unternehmungslust. Außer den obligaten Schulausflügen gab es größere Klassenfahrten. Mir machten auch die Zeichenstunden im Freien viel Spaß; wir saßen auf kleinen Klappstühlen mit dem Zeichenblock auf den Knien, zumeist in der Altstadt und fertigten mehr oder minder edle Werke an.
In der Stadtkirche wurde ich konfirmiert; leider fiel sie den Bomben zum Opfer, wurde jedoch wieder aufgebaut, und so

Eingang zum Waisenhaus, später Ludwig-Georgs-Gymnasium

konnte mein jüngerer Sohn viele Jahre später an derselben Stelle zum Altar gehen. Wieviel Freud und Leid lag dazwischen, nicht nur für den Einzelnen, sondern auch für die Stadt und ihre Bewohner.

Am Sonntagvormittag ging mein Vater manchmal mit mir ins Museum und zeigte mir dort viele interessante Dinge, wie die Modelle der Saalburg oder anderer antiker Bauten, oder er erzählte mir in der naturwissenschaftlichen Sammlung von der Vorzeit, von der Entwicklung der menschlichen Kultur, von Wald und Jagd. Bei schönem Wetter spazierten wir auf die Mathildenhöhe und sahen hinunter auf die vertraute Stadt mit dem Schloß, dem Langen Ludwig, dem Weißen Turm und dem Landestheater. In der Ferne grüßten der Odenwald, der Taunus und die Hügel von Rheinhessen.

Darmstadt war für sein gutes Theater weithin bekannt; es wurde im Großen und im Kleinen Haus gespielt. Ich durfte mir eine Schülermiete nehmen und war bald eine begeisterte Besucherin. Zum Glück ist mein Theater- und Konzertbüchlein erhalten geblieben, und so kann ich die ersten Aufführungen nachlesen: „Zar und Zimmermann", „Minna von Barn-

Hoftheater (erbaut v. Moller 1818–19)

helm", „Martha", „Fiesko" und viele andere. Dahinter stehen die Namen der Sängerinnen und Sänger, für die wir schwärmten. Wenn wir sie zufällig auf der Straße sahen, bekamen wir Herzklopfen. Schon der Weg ins Theater war schön, wenn man voller Erwartung an einem Winterabend über den verschneiten Marktplatz, durch das Schloß und seinen dunklen Tunnel ging und das hell erleuchtete Große Haus vor sich sah. Um zum Kleinen Haus zu gelangen, ging ich vorbei am Café Oper und an einem Stück alter Stadtmauer. Im Frühling blühten dort große alte Kastanien.
Heute stehen hier Gebäude der Technischen Hochschule, die schon damals das geistige Leben der Stadt beeinflußte. Viele Wissenschaftler kamen zu Tagungen, und jeder interessierte Darmstädter konnte Vorträge und Ausstellungen besuchen. Ich belegte noch vor dem Abitur die Vorlesungen und Übungen im Photographischen Institut. Auch dabei ergab sich wieder eine Verbindung zwischen Jugendzeit und meinem späteren Leben;

Segelflugzeug im Bau

in demselben Backsteinbau, in dem ich die ersten Kenntnisse für meinen Beruf erwarb, fand ich viele Jahre später meinen Arbeitsplatz. Im Inneren des Hauses hatte sich zwar vieles verändert, doch ich mußte oft an frühere Zeiten zurückdenken.
Nach längeren Lehr- und Wanderjahren kehrte ich nach Hause zurück und wurde bei der Deutschen Forschungsanstalt für Segelflug als Photographin angestellt. Das war natürlich eine Tätigkeit nach meinem Herzen, hatte ich mich doch schon immer für die Segelfliegerei interessiert.
Darmstadt hat eine große Fliegertradition. Schon 1909 gründeten Schüler, meist des Gymnasiums, eine Flugsportvereinigung, bauten aus Bambusrohr und alten Bettlaken Segelflugzeuge und machten auf dem Griesheimer Sand, auf dem Prinzenberg und später auf der Rhön ihre Flugversuche.
Die Deutsche Forschungsanstalt für Segelflug (DFS) auf dem Griesheimer Sand war die Nachfolgerin der auf der Wasserkuppe

gegründeten Rhön-Rossitten-Gesellschaft und befaßte sich mit der Entwicklung von Schulungs- und Leistungssegelflugzeugen, mit Meteorologie, Fluginstrumentenbau und vielen anderen Problemen. Sie trug damit wesentlich zu den Fortschritten der Luftfahrt bei. Die Mitarbeiter der DFS waren meist junge flugbegeisterte Leute. Es herrschte eine gute Kameradschaft, was auch immer wieder zum Ausdruck kommt, wenn wir uns nach langen Jahren treffen.

Meine Tätigkeit in der Bildstelle war sehr interessant und vielseitig. Am schönsten war es, wenn ich in Motor- und Segelflugzeugen mitfliegen durfte. Wie friedlich lag dann das Land unter uns! Der Woog und der Steinbrücker Teich glänzten, der Rhein schimmerte in der Sonne. Die Landstraßen schlängelten sich durchs Land, im Gegensatz zu der schnurgeraden Autobahn, deren erstes Teilstück in der Nähe unseres Flugplatzes gebaut wurde. Wie schön war doch die Stadt mit ihren Straßen und Plätzen, umgeben von Wald!

Dann brach der Zweite Weltkrieg aus. Die DFS wurde erst nach Braunschweig und dann nach Ainring in Oberbayern verlegt. Ich kam nur noch kurz im Urlaub nach Hause und war bedrückt von den vielen schlechten Nachrichten aus dem Bekanntenkreis und von der Verdunkelung. Wieviel schrecklicher war das Heimkommen zum ersten Mal nach diesem letzten Krieg! Ich fand mich in den Ruinen kaum zurecht und stand weinend mitten auf der Straße. Die Leute sahen mich teils mitleidig, teils verständnislos an. Sie hatten sich an den Anblick der Trümmer gewöhnt. Ich fuhr mit der Elektrischen hinaus nach Jugenheim zu meiner Mutter. Es war Frühling, und die Bäume blühten, da schöpfte auch ich wieder Mut.

Als ich mit meinen beiden Söhnen nach langem Aufenthalt in Österreich und aus anderen Ländern nach Darmstadt kam, wurde ich hilfreich in der alten Heimat aufgenommen. Jetzt wohne ich an der Ecke, gegenüber dem Hause, in dem wir so fröhlich unsere Hochzeit feierten. Das Haus ist verbrannt, doch ein neues steht dort, mit hellen Fenstern und Blumen auf den Balkonen, umgeben von Rasen und Bäumen. Im Hof spielen die Enkelkinder und rufen mir zu. Der Kreis hat sich geschlossen.

Georg Büttner

Grenzverkehr – ein niemals vergessenes Erlebnis

Es war an einem Spätsommertag des Jahres 1923. Zwischen Arheilgen und Darmstadt verlief damals die Grenze zum besetzten Gebiet, der Limite Zone Occupée. Ich war damals 9 Jahre alt und besuchte im ersten Jahr die Liebig-Oberrealschule in Darmstadt. Weil zwischen Arheilgen und Darmstadt jegliche Verbindung durch die Besatzungsmacht unterbunden war, verkehrte weder die Dampfbahn, Arheilger Lieschen genannt, noch gingen die Züge der damaligen Reichsbahn nach Darmstadt durch. Schüler, die in Darmstadt zur Schule gingen, mußten also leider per Fußmarsch ihre Schule erreichen. Das hieß jeden Tag etwa 2 Stunden Fußmarsch zurücklegen – und dies bei jedem Wetter! Da wir damals noch dreimal in der Woche auch nachmittags Unterricht hatten, machten wir unsere Hausaufgaben an diesen Tagen unter Mittag in der Schule. Wir erhielten dann zur Stärkung die sogenannte Quäker-Speisung.

Die Besatzungsgrenze verlief nach Süden zu etwa in Höhe der Maulbeerallee und nach Osten zu etwa in Höhe des heutigen Trinkbrunnenpfades. Ständig gingen in gewissen Abständen Patrouillen der Besatzungsmacht, die in Arheilgen überwiegend aus Marokkanern bestand, an der Grenze entlang.

Die Besatzungszone zu verlassen, um außerhalb zu arbeiten, war erwachsenen Personen nicht erlaubt, es sei denn mit einer Ausnahmegenehmigung, die aber zeitlich begrenzt war. Von diesem Erlaß war auch mein Vater betroffen, der beim Reichsbahn-Ausbesserungswerk in Kranichstein beschäftigt war. Ich erwähne dies deshalb, weil zur damaligen Zeit die Inflation ihren Höhepunkt erreicht hatte. Der Lohn, den alle Arbeiter und Angestellten erhielten, die außerhalb der Besatzungszone beschäftigt waren, mußte täglich auf Schleichwegen nach Arheilgen gebracht werden.

An jenem Spätsommertag waren mein Vater und mein Onkel mit diesem Geldtransport beauftragt. Einige Tage vorher hatten die Separatisten in Arheilgen die Macht übernommen und die

Stadt- und Staatsrechte eines freien Rheinstaates verkündet. Es wurde sofort die 6-Uhr-Sperre verhängt, was hieß, daß zwischen 18 und 6 Uhr niemand die Straße betreten durfte. Dies konnte aber erst geschehen, nachdem die Separatisten durch Barrikaden und unter Einsatz der Feuerwehr mehrmals am Einzug in Arheilgen gehindert worden waren. Der Bürgermeister, der Gemeinderat, Angehörige der Feuerwehr, der Pfarrer und mehrere andere Arheilger Bürger wurden von den Separatisten nach Mainz in ein Lager gebracht.

An diesem Spätsommertag nun brachte mich mein Vater bis zur Sperre bei der Firma E. Merck und verabschiedete sich von mir. Ich wußte allerdings nichts von seinem Auftrag des Lohntransportes, der ja durch die neue Zeitsperre sehr erschwert worden war.

An diesem Tage mußte ich nachmittags um 14.30 Uhr erstmals zum Schwimmen in den Woog. Arheilgen hatte damals noch kein Schwimmbad, das Arheilger Mühlchen wurde erst Jahre später eingeweiht. Jedoch hatte ich im Ruthsenbach schon etwas Schwimmen gelernt und im Hallenschwimmbad unter unserem damaligen Sportlehrer Karl Roth das Freischwimmerzeugnis errungen. So durften sich die Freischwimmer erstmals im offenen Gewässer des Woogs tummeln. Im Umkleideraum wurden Wachen für die Kleider eingeteilt. Für die Schwimmer wurde das Baden freigegeben, unsere Schwimmstunde sollte um 16.30 Uhr zu Ende sein. Kurz vor ihrem Ende stand ich noch bei meinen Kleidern und sagte den Klassenkameraden, daß ich gleich wieder zurückkäme und nochmals kurz ins Wasser wollte. Da ich zum ersten Mal im freien Wasser schwamm und mich dabei wohlfühlte, hatte ich kein rechtes Verhältnis zur Zeit. Viel später, als ich zugesagt hatte, kam ich zurück in den Umkleideraum. Doch dort, wo meine Kleider liegen sollten, lag nur mein Schulranzen allein auf seinem Platz, und es war sonst niemand mehr da. Oberbekleidung, Schuhe und Strümpfe waren weg! Was sollte ich jetzt bloß machen? Ich wußte es nicht und habe zuerst mal geweint; dann lachte mich noch eine halbe Stulle an, die sich in meinem Ranzen befand und die ich erst einmal aß. Das weckte wohl neue Kräfte in mir, und, nur mit der Badehose bekleidet, den Schulranzen auf dem Rücken, machte ich mich auf den Weg nach Arheilgen. Komisch muß es schon ausgesehen haben, denn ich spürte, wie sich viele Passanten nach mir umschauten. Aber mich durfte es zunächst ja nicht stören. Barfuß-Laufen war ich schon gewohnt, aber noch niemals vorher hatte ich auf diese

In Arheilgen um 1955

Weise einen so langen Fußmarsch gemacht! Öfters mußte ich mich ausruhen. Indessen lief mir die Zeit immer mehr davon. Schon 18 Uhr war es, als ich an der Maulbeerallee ankam. Dort hatten die Patrouillengänge längs der Grenze schon begonnen. Zunächst versteckte ich mich in einem Kornhaufen und wollte das Dunkelwerden abwarten. Wohl zu ermüdet, bin ich dabei eingeschlafen. Stockdunkel war es bereits, als ich wieder aufwachte! Ich machte mich auf den Weg durch die hohen Kornfelder und erreichte auch den Ruthsenbach. Im Bach lief ich bis zur Geißengasse, wo wir wohnten. Das Wasser hatte den Füßen wohlgetan, und sie schmerzten plötzlich gar nicht mehr, doch der Ranzen auf der blanken Haut drückte immer mehr. Und gerade in dem Moment, als ich an der Geißengasse aus dem Bach steigen wollte, kam ausgerechnet eine Doppelpatrouille die Gasse herunter. Das Domizil der Besatzungskompanie befand

sich nämlich am Ende der Gasse, nur 40 Meter von unserer Wohnung entfernt.
Sofort ließ ich mich wieder zurück ins Wasser gleiten und zitterte vor Angst in der Meinung, man würde wohl selbst mein Zittern hören, mich gleich erfassen und sofort erschießen . . .
Plötzlich hörte ich Hundegebell! Man hatte unseren Dackel zum Suchen ausgeschickt. Das hatte er geschafft und sprang nun an mir hoch. Auf einmal hatte ich unerwartet einen Beschützer und faßte neuen Mut. Nun packte ich auch noch die letzten 60 Meter bis nach Hause. Na, dort war ich zunächst der Mittelpunkt und wurde gefeiert wie ein kleiner Held, bis ich auf einmal fragte, wo denn mein Papa sei. Da erfuhr ich, daß er mit meinem Onkel den Lohntransport übernommen hatte und nun auch überfällig sei. So hielt also die Unruhe aller immer noch an. Plötzlich aber rief ein Nachbar über den Zaun: „De Heiner is widder im Ort!“. Lange dauerte es nun nicht mehr, dann traf auch er bei uns zu Hause ein. Waren das böse Situationen gewesen! Und nun hatten sie für die ganze Familie doch noch ein gutes Ende gefunden.
Die wundgelaufenen Füße und eine Erkältung hatten mir zur Ausheilung in den nächsten Tagen schulfrei eingebracht. In Anbetracht der Strapazen von einem einzigen Tag kam mir das alles wie ein Geschenk vor! Und meine Garderobe konnte auch bald wieder ergänzt werden, denn meine gute Mutter war ohnehin Schneiderin, und hilfsbereite Nachbarn hatten auch noch einen Teil dazugegeben.
Kann man heute noch verstehen, daß dieses Erlebnis zu meinen schönsten Erinnerungen gehört? Weil es am Schluß doch noch ein so gutes Ende genommen hat.

Jakob Emig

Vum Drachesteije

Ihr wollt Erinnerunge ans alde Darmstadt. Ich bin en Orheljer, geheer zwar zu de Darmstädter, awer ich waaß als Orheljer nix iwwer des alde Darmstadt zu verzehle, sondern muß in Orhelje bleiwe. – Wanns nix gilt, dann schmeißters weg.

Mer kennt als Orheljer Bub iwwer so viel Dinger aus Old-Orhelje berichde, dann do war ja immer was los: die Strickstuwe, es Latwejeriehrn, de Kwetschekuche, im Herbst die Fratze in ausgeheelde Dickworz schnitze, e Licht eneu, un de Leit ans Fenster stelle, Drahuabää beim driewe Scheu vun de Gaslaterne, „belurn" un was nett all. – Heit hawich awer grad emol ans Drachesteijelosse denke misse. Frijer war ja die Kranichstaaner Schossee net geblastert un net asfaldiert, do hots an haaße Dage gestaabt noch un noch. Des wor als e Gemaul bei de Weiwer, wannse die Bedden an de Fenster lieje harre. Des worn ja frijer aach ganz annern Summer als wie heit, wochelang kaan Drobbe Reje. Dann sinn ma borfißig dorch de Staab gedappt, un owens is danns Zinkbittche beigehollt worn, Wasser neu, die Schlabbe denewe, die dreckige Fiß geschrubbt, un dann eneu in die Kich zum Nachtesse. Ach, was denktmer noch die Betroliumlamp newerm Herd. Was hetts en Krach gewe, wann mer die mit me Streichholz ostecke wollt, do mußt en Filibus genumme wern. Awwer ich wollt ja vun was annerm verzeele.
Wanns Herbst worn is und die Stoppeläcker worn do, dann is Babier gesucht, Lättcher und Stiftcher besorgt worn, Mehlbabb hot mer agerihrt, un dann isses ans Drachemache gange. Wehe, wenn de dich vehobbaßt host un er is net hoch gange orrer is abgesterzt orrer de Schwanz war zu schwer. Awer speerer hots dann immer besser geklappt, un mer hot gewißt, wie mer Drache babbt. Do wor awer noch aans: die Kordel! Des wor der immer e Bellerei beide Modder weje paar Fennig fer Kordel, jedem seun Drach sollt doch am hechste steije. Stunnelang hott dann die ganz Bloß am Queckehaufe gehockt, un e Menge Drache wor in de Luft. Alle Stunn is mool e Audo vebei, und dann hodd, wann mer en drockene Herbst harre, die Staabwolk minudelang iwwer de Schossee gehengt. An unsere Kordel harre mer manchmool alles mechliche oogebunne, was dann langsam an de

Kordel hoch is. E poor harre große Drache, do sinn dann owens Lichtcher mit hoch. Des wor so uffrechend fer uns Klaane, daß mer die Nacht devoo gedraamt hott. Uns is aach kaan Drach anre Hochspannungsleidung hengegeblewe, dann sowas hotts domols noch nett gewe. – Heer, was wors frijer bei uns so schee.

Karl Ewald

Das Café Oper

Wir alten Darmstädter müssen zwar der Wahrheit die Ehre geben und anerkennen, daß unsere Stadt nach ihrer totalen Zerstörung im September 1944 wieder aufgebaut wurde. Wir müssen aber auch sagen, daß durch starke Veränderungen der einstige so anheimelnde Zustand der ehemaligen Residenz nur noch in unserer Erinnerung lebt und manches Neue nicht nur unsere Optik, sondern auch unseren Gemütszustand stört. Und das in einer „Stadt, in der die Künste leben"!

Wir bedauern z. B., daß der Turm des Hallenschwimmbads nur noch stummelhaft dasteht, daß wir wohl für immer vergeblich nach dem kupfernen Helm auf dem Turm der Hochschule suchen müssen, daß dort die Uhr immer noch fehlt, deren Anblick uns auf dem Schulweg zu eiligeren Schritten nötigte. Unser altes Theater hat zwar eine neue Außenhaut erhalten, aber innen nisten immer noch Tauben und Falken . . . Das ist nicht nur ein optisches Ärgernis, sondern die alten Darmstädter gedenken auch angesichts des neuen Theaters mit Wehmut des alten erinnerungsträchtigen Hauses, das seine jahrhundertelange Funktion für immer verloren hat.

Unwiederbringlich verloren ist auch das schöne Haus, das an der Ostseite des Theaterplatzes stand, dort, wo sich jetzt ein architektonisches Monstrum der Technischen Hochschule mit Terrassen und Wandelgängen breitmacht: das Café Oper. Es fehlt uns nicht nur das Haus, es fehlen uns auch die geistvollen Menschen, die hier ein Zuhause hatten, ihre schönsten und bequemsten Wohnungen vergaßen, wenn sie hier ihren Kaffee mit Zucker „Extra" tranken, die Tasse zu 40 Pfennige.

Café Oper

Im Café Oper trafen sich die mutigen Männer der „Dachstube", Pepy Würth, der rührige Drucker und Verleger, Kasimir Edschmid, Romancier und Weltbürger, die Maler Carl Gunschmann und Paul Thesing, Jakob Kahn und Otsch Wachsmuth, die Bildhauer Well Habicht und Adam Antes, der zarte Lyriker Leonce Schüler und der Dichter der „Strophen an die blaue Madonn", der „Hymne des Maropampa" und des „Hakenkreuzzuges" Hans Schiebelhuth, der für sein Leben gern Kakao trank, was ihm unter den Freunden den Spitznamen „Kakau" eintrug. Dort saß auch der kompromißlose Politiker Carlo Mierendorff, auch „Herr Vielgeschrey" genannt, der mit seinem Freundeskreis von hier aus im Jahre 1920 die Berufung Gustav Hartungs zum Intendanten des Landestheaters bei der Regierung durchsetzte, und der Philosoph Theo Haubach. Bei ihm hörte man, wenn er nachdachte, die Hirnströme rauschen. Unter den Stammgästen sah man täglich den Rektor der Ballonheiner, Julius Reiber, der mit dem Kritiker und zeitweiligen Dramaturgen Dietrich Diestelmann, von Haus aus Apotheker, Schach spielte. Aber das beliebteste Spiel war das Pokern, dem man sich nach aufregenden Debatten mit großer Leidenschaft widmete. Der Gewinner bestellte dann eine zweite Tasse Kaffee. Diese wurde nach echt Wiener Art mit einem Glas Wasser serviert, was ortsunkundige Besucher in arge Verlegenheit brachte. Manche stellten ihren Kaffeelöffel in das Glas, offenbar um eine Vorspülung vorzunehmen.

Was das Café Oper so besonders reizvoll machte, war, daß die jeweiligen Besitzer versuchten, eine echt Wiener Kaffeehausatmosphäre zu schaffen, wozu auch die speckig glänzenden Sofas in den Nischen gehörten, die ja erst das Wienerische Ambiente herbeizauberten. Wienerisch war auch die Fülle der Zeitungen, die dem Besucher zur Verfügung stand. Da konnte man das „Berliner Tagblatt", die „BZ am Mittag" und die „Vossische Zeitung" vom selben Tag lesen. Besonderer Neugierde erfreuten sich das „Neue Wiener Journal", eine Fundgrube des gesellschaftlichen Tratsches, und die „Ballnachrichten", aus denen man erfuhr, was die Gräfin Esterházy, die Baronin Zuckerkandl, die Opernsängerinnen Olschewska und Jeritza, die sich bei irgendeiner Gelegenheit geohrfeigt hatten, an wallenden und fließenden Gewändern einschließlich Schmuck getragen hatten und was dergleichen Wissenswertes mehr zu lesen war.
Gefragt waren natürlich auch die hiesigen Zeitungen, das „Darmstädter Tagblatt", die „Hessische Landeszeitung", die „Darmstädter Zeitung" und besonders der „Hessische Volksfreund". Man wollte wissen, was der „Z." (Rechtsanwalt Dr. E. E. Hoffmann), „D. D." (Dietrich Diestelmann) oder „H. K." (Hermann Kaiser) von der letzten Premiere hielten. Da saß man stundenlang lesend, diskutierend, denkend, kein Ober störte, und erfuhr wesentliches über Kunst und Theater, was uns so viel bedeutete. Auch hatte man hier Gelegenheit, Künstler des Theaters zu treffen, wobei man sowohl die neuesten Pläne wie die Intrigen aus erster Hand hörte. Da saßen der blondbärtige T. C. Pilartz, Hartungs Bühnenbildner, die Schauspieler Seppl Sieber, Walter Kulisch, Hans Magel neben anderen und von der Oper der finnische Baron Alexis af Enehjelm und der vielseitige Eugen Vogt, ein leidenschaftlicher Schachspieler. Sie saßen an den Marmortischen, deren Maserung die Phantasie beflügelte oder zu einfallsreichen Ergänzungen anregte. In der diesem „Lese- und Konversationsraum" gegenüberliegenden Abteilung, wo die Gelegenheitsgäste saßen, standen zwei Billards, an denen der Fagottist Max Reuß und der Flötist Martin Geißler vom Theaterorchester mit Hingabe die Kugel stießen.
Dieses kultivierte Idyll wurde empfindlich gestört, als ein späterer Besitzer der „Oper" – offenbar des höheren Umsatzes wegen – eine Kapelle engagierte, die mittags Konzerte gab und abends zum Tanz aufspielte. Da war es aus mit der individuellen Gemütlichkeit. Man sollte sich einem Kollektiv verbunden fühlen, dem der „Blaue Himmel" von Rixner oder das „Wiegenlied"

von Rimski-Korssakow so etwas wie eine künstlerische Offenbarung waren. Weltverbessernde Gedanken und Pläne, die wir wälzten, und das „Gebet einer Jungfrau" waren doch zu starke Kontraste. Also blieb man weg. Und dann kam ja auch bald das viel zu laute Ende dieses Idylls besonderer Art, dessen sich zu erinnern zugleich schön und wehmütig ist.

Heinrich Fehlandt

Aus meiner „Erinnerungskiste" von Alt-Darmstadt und Mecklenburg

Meine ersten Stunden in Darmstadt begannen enttäuschend, fiel doch mein Blick zunächst auf die Sandwüste vorm Hauptbahnhof und die ihm gegenüberliegende düstere Brauereifront. Doch bald wurde das Bild schon bunter. Mir entgegen kamen Marktfrauen, die – für mich ungewohnt – den Gemüsekorb auf dem Kopf trugen. Die schöne Baumallee der Rheinstraße führte mich stadteinwärts, der hohen Säule mit dem Großherzog entgegen. Den Heinerdialekt verstand ich zunächst nur halbwegs, als ich mich bei einem Passanten nach der Saalbaustraße erkundigte, aber die Armbewegung des Befragten zeigte mir den richtigen Weg. Ganz ausgesöhnt wurde ich mit Darmstadt nach der freundlichen Begrüßung in meiner neuen Wirkungsstätte. Sogar für ein Quartier hatte die Firma gesorgt: Es befand sich in der Luisenstraße gegenüber dem mit hohen Bäumen bestandenen alten Palaisgarten.

Darmstadt zu entdecken, war für mich als Mecklenburger, der ich mit 23 Jahren hierhergekommen war und wo ich auch eine Darmstädterin heiratete, reizvoll. Gerne durchwanderte ich die Gassen und Höfe der Altstadt mit ihren idyllischen Winkeln. Viele Geheimnisse bargen für mich die Stätten, wo die Herren von Frankenstein gehaust hatten, wo Justus Liebig gewohnt hatte und wo der große Goethe eingekehrt war. Oft bat ich

waschechte Heiner, mir die Reste der Stadtmauern zu zeigen oder schloß mich Führungen des Buchdruckers Anton vom Verein Alt-Darmstadt an, der mir Einblick in die Lebensverhältnisse der Altstadt gab. Wir sahen uns die Bürgerhäuser als Zeugen früherer Jahrhunderte an, stiegen den Hinkelsturm hinauf, an den sich ein Wehrgang anschloß und von dem man einen Ausblick über die Dächer der Stadt genießen konnte. Gut erhalten waren noch die Zunfthäuser der Schornsteinfeger und Dachdecker, kenntlich an geschnitzten Wappen. Welcher Darmstädter weiß heute noch, daß der Ziehbrunnen in der Großen Kaplaneigasse aus 28 m Tiefe noch 1934 gutes Trinkwasser für fünf Häuser förderte.
Nur zu gern ließ ich mir im „Goldenen Anker“ in der Großen Ochsengasse ein Schöppchen Bier schmecken und kam aus dem Staunen nicht heraus, wenn Gäste ihren beim Nachbar-Bäcker bzw. -Metzger besorgten Proviant – Weck, Wurst oder Rippchen, kalt oder warm, ganz nach Wunsch – auspackten und der Kellner dann noch Besteck und Teller gratis dazu lieferte.
Über erlebten Humor und Mutterwitz vieler Darmstädter, Eigenschaften, die dem „Zugereisten“ das Einleben herzlich erleichterten, wäre noch viel zu schreiben.
In einem Prospekt hatte sich mir Darmstadt als die „Stadt im Walde“ vorgestellt. So drängte es mich, diesen Wald näher kennenzulernen. Das neugekaufte Fahrrad und meine Spätschicht in einem Zeitungsbetrieb schenkten mir viele Vormittage zum Abfahren der verlockenden Waldwege in allen Himmelsrichtungen. Vom Schnampelweg und der Backofenschneise aus entdeckte ich die Darmbachquelle, ferner suchte ich das Eleonoren- und Albrechtsbrünnchen, Rücksbrünnchen und den Diebsbrunnen und wie sie alle heißen auf. Ich beobachtete die Rehe an der Scheftheimer Eiche, die sich beim Äsen nicht stören ließen, die Damhirsche in der Nähe des Jagdschlosses Kranichstein. In den ausgedehnten Wiesen des Mörsbacher Grundes bei der Dianaburg entdeckte ich Edelhirsche. In diesem Revier las ich damals manche Erinnerungstafel aus großherzoglicher Zeit, z. B. „Hier schoß der Zar . . . einen kapitalen Hirsch“. Durch die Wälder der Bergstraße und des Odenwalds marschierte ich sonntags mit zwei Kollegen, die es auch in die Natur hinauszog. Der eine kam von der Elbemündung, der andere aus Schlesien. Damals gab die „großzügige“ Reichsbahn noch Sonntags-Rückfahrkarten selbst für kleinste Strecken aus, die wir sehr nutzten. Wollten wir nach Jugenheim oder Seeheim, so mußten wir noch in

Hinkelsturm um 1909

Bickenbach umsteigen. Die vielen schönen Naturerlebnisse der ersten Zeit haben dazu beigetragen, daß mir Darmstadt Wahlheimat wurde. Auch meine Frau war genauso naturliebend wie ich und wurde mir eine gute Wandergefährtin.
Meine mecklenburgische Geburtsstadt Grabow aber steht mir auch noch deutlich vor Augen, wie ich sie in der Jugend erlebte.

Sie liegt an der Elde mit Schiffsverkehr zur Elbe, ist umrahmt von Wald, Wiesen und Feldern. Die günstige Lage an der Bahn- und Straßenverbindung Berlin–Hamburg (heute auch Interzonenverkehr) ließ Handel, Industrie und Handwerk aufblühen – und damit wohl auch das Vereinsleben in dieser damals etwa 6000 (heute 9000) Einwohner zählenden Kleinstadt. Wie schön waren doch die Sommerwaldfeste der Vereine! Am beliebtesten war das mehrere Tage dauernde, jung und alt von nah und fern anlockende Schützenfest mit dem Königsschuß. Zwei Tage zuvor hielten zwei Tamboure an jedem Haus eines Mitglieds des Schützenvereins. Sie trugen blaue Uniformen und trommelten ihren Wirbelschlag „Kamerad komm“! Die Häuser waren mit Fahnen und frischem Birkengrün geschmückt. Dann kam der große Tag. Früh am Morgen zog die Langschmidtsche Kapelle in der schmucken Marinekadetten-Uniform zum Wecken durch die Stadt. Schon bald belebte sich der Marktplatz. Aus ihren Standquartieren marschierten die einzelnen Korps der Schützengilde an, Kommandos ertönten, und unter den Klängen des Präsentiermarsches wurden die Fahnen im Rathaus abgeholt. Welch buntes Bild für die Schaulustigen! Die Neuaufstellung erfolgte vor dem „Königshaus“. Unter den Klängen des Präsentiermarsches begrüßte der „König“ seine Untertanen und schritt die Front ab. Durch die Lindenallee des Kießerdammes bewegte sich dann der Zug der Schützenzunft mit Marschmusik, begleitet von viel Fußvolk zum Festplatz. Im Geiste ziehen sie alle noch heute an mir vorbei: das Gardekorps, jeder Schütze im blauen Rock, rot paspeliert, mit gelben Messingknöpfen und Epauletten, in schwarzer Hose mit roten Generalsstreifen, mit Tschako und hohem Federbusch, auch der lange Schleppsäbel fehlte nicht. Vom Jägerkorps trug jeder einen grünen Rock, weiße Hosen, breitkrempigen grünen Hut mit grüner Hahnenfeder, Pulverhorn und Jagdtasche, an der Seite den Hirschfänger. Das Joppenkorps war erkennbar an grauer Joppe mit grünem Aufschlag, dunkelgrünem Hut mit Federbusch und Hirschfänger. Die Herren der alten Zunft erschienen im Frack, trugen Zylinder mit Kokarde und hatten einen kurzen Degen angeschnallt. Während das Königsschießen ablief, war für fröhliches Erleben für das Volk durch Erfrischungs- und Belustigungszelte, Verkaufsstände, Luftschaukel und Karussell, damals noch von einem Pferd bewegt, gesorgt. Die Proklamierung des neuen „Königs“ beschloß den ersten Tag. „Majestät“ wurde von der ganzen Zunft mit Marschmusik heimbegleitet, die Fahnen

wurden im Rathaus wieder abgeliefert. An den kommenden Tagen konnte sich dann jeder am Preisschießen beteiligen. Zum Abschluß dieses Schießens am Sonntag war das Gedränge besonders groß. Im Schützenpark fanden dann im Sommer viele Promenadenkonzerte statt. An alles denke ich beglückt zurück. Schwer wird mir jedoch das Herz beim Lesen des Briefes eines Jugendkameraden von dort. „Unsere bunte Stadt an der Elde hat die Farben verloren. Renovierungen gab es keine seit 1945, einige Häuser sind baupolizeilich gesperrt, der Schützengarten ist verwahrlost, der Musikpavillon wurde abgerissen . . ."
In meiner Erinnerungskiste lebt das alles noch!
Da verharren noch die Spaziergänger am kleinen Privatpark neben dem Schützengarten und lauschen den Nachtigallen. Da streifen wir Buben durch die Schonung und lassen uns von einem Rehbock erschrecken oder erleben in der Waldschneise ein ganzes Rudel Rotwild. Die Nähe der elterlichen Wohnung am Waldrand hatte den Wald für uns zum Bolz- und Kletterparadies werden lassen. Auf unsere Jugend fiel dann ein Schatten, als im August 1914 der Erste Weltkrieg ausbrach, und unsere letzte Schulzeit und Lehrjahre in Grabow liefen nicht mehr so froh ab. Noch heute bietet mir die Natur, wo immer ich mit ihr in Berührung komme, stets neues Glück.

Hildegard Finger

Kinderjahre in Darmstadt

Wären sie anders verlaufen in einer anderen Stadt, einer Stadt an einem Strom? Ein Fluß, ja das war damals noch etwas Wunderbares, und Tiere im Zoo durfte man noch füttern. Tiere haben bei uns Finger-Töchtern immer eine große Rolle gespielt, und sie durften mit ihnen gottlob auch spielen. Mit Puppen gab ich mich kaum ab, aber das Huhn, das gekocht werden sollte, lag im Puppenwagen, ein Linnentüchlein um den geschundenen Hals gewickelt. Die Fuhrleute von schweren Möbelwagen sahen sich bei steilen Auffahrten (Hochstraße, Wilhelminenstraße . . .) plötzlich von einem kleinen Mädchen arretiert, das ihnen zurief, sie sollten die armen Pferde nicht so quälen. Es lief meistens noch ein Stück nebenher, denn es hatte damals Mut.

Märchen, Märchen

Nicht genug davon konnte man bekommen, und sie wurden einem auch von geduldigen Tanten vorgelesen. Sie und Großmama in der Riedeselstraße spielten damals eine wichtige Rolle. Wie weise war sie, witzig und klug! Gegen die weiträumigen kühlen Zimmer hatte ich nichts, warum die Mädchen „Exzellenz" sagten, war mir nicht ganz klar, aber gegenüber gab es einen bürgerlich-zahmen Lustgarten, der zum SAALBAU gehörte. Dort standen auf ziemlich scheußlichen Eisenstangen Lampen aus buntem Glas. Und wenn es da einmal Scherben gab, unser Entzücken war nicht auszudenken: die Welt in einer bunten Glasscherbe! Wie oft traf ich in der Riedeselstraße ein, bewaffnet mit einer Tüte Brot und Zucker, bat die Großmama sehr höflich, aber sehr dringend, den Kutscher holen zu dürfen, und dann ging es in der „Chaise" in den Messeler Park. Anscheinend wußte man zu Hause von dieser Leidenschaft, denn einmal, als „die Großen" mit Mama in die Ferien fuhren, kaufte man mich zwar nicht für ein Linsengericht, aber für die Aussicht, allein in der Kutsche, 2 Pferde vorgespannt, zu Großmama und Tante Ella (die schöne Ella F.) fahren zu dürfen. Man stellte die Spielsachen so geschickt um mich herum, daß ich kaum herausfallen konnte, auch war ich derart geschwellt von Stolz und Hochmut, daß ich kerzengerade auf meinem Sitz blieb, bis wir in der Riedeselstraße ankamen.

Unterhaltsames Vergnügen

Einmal im Jahr glich der Orangerie-Garten einem buntgekleideten Heerhaufen. Wo man hinsah, standen oder bewegten sich Trupps von Kindern aller Altersstufen, gelenkt und eskortiert von disziplinierten Erwachsenen, die ihre ganze Kraft einem guten Zweck opferten; sämtliche Märchen fanden Auferstehung.

Die Kochschen Spiele

Welch langer Weg in heißer Nachmittagssonne zu den Proben in der Liebigstraße! Frau Kleukens' wohltönende Laute; der Singsang der größeren Mädchen in zart flatternden blaugrünen Gewändern. Wie beneidete ich die „Großen", die an einem Teich standen und singen durften! Sie verkörperten das Schilf, und ich habe die Melodie jetzt noch im Ohr. Wenn dann so ein Jour de Fête nach vielen Proben herangekommen war und die Zuschauer applaudiert hatten, gehörte Jahr für Jahr auch die merkwürdige Limonade dazu, die nach Nagellack roch und auch so aussah. – Viel Zeit war vergangen, als ich zufällig in einer Buchhandlung 3 Bändchen der Kochschen Spiele sah, sie spontan kaufte und sehr bald wieder verlor. Sie hatten aber gute, erlauchte Gesellschaft, als sie, gemeinsam mit Papas schönen Büchern verbrannten.

Natürlich wurde auch in der Viktoriaschule Theater gespielt. Ich erinnere mich an eine sehr gute „Presse“, als ich die *Turandot* verkörperte; so eine Rolle lag mir sehr. Meine Sporen dazu verdient hatte ich mir durch wiederholten Einsatz als Miss Gips, die lebende Puppe, wenn wir unerlaubt in den Pausen im Klassenzimmer blieben und so eine Art Varieté inszenierten.

„Ehemalige“ (gemeint sind die Viktoriaschülerinnen) mögen mir verzeihen, wenn ich nur noch einen Umstand in Erinnerung an die Schulzeit herausgreife; es ist etwas Negatives. Im sogenannten Kleinen Hof stand die Reihe der Aborte, und daß ich jahrelang, in völlig unregelmäßigen Abständen allerdings, von diesen träumte, hatte folgenden Grund: Die Schüsseln waren Schlünde, die sich ins Bodenlose öffneten, und wer klein und zierlich war wie ich, kann sich die Furcht einer Sechsjährigen, ja noch Neunjährigen, vorstellen, für immer in den Sog des Abgrunds zu geraten. Einmal probierte ich, den Argusaugen des Pförtners zu entgehen und im Kabinettel der Lehrer Zuflucht zu finden, es ging nichts schief, aber auch hier stand die Angst im Nacken. Von was träumte man noch? Natürlich vom Fliegen, dem Ausbreiten der Arme . . . mehr war nicht nötig, und hui ging es über die Dächer, in herrlichen Bögen, Wellen, ein Gleiten, ein Sich-Wiegen, die Luft trug einem, der ganze Raum; man blickte hinunter in die Schluchten der Häuser, göttlich! Hätt' ich drei Wünsche frei, noch immer wäre dieser eine darunter: fliegen zu können..

Theater zu Hause

SAMIEL konnte im Hohlboden des Puppentheaters verschwinden, faszinierend. Vorbereitungen, Proben, geplante Festvorstellungen. Mit der Musik des *Freischütz* waren wir dank der rührenden Bemühungen unserer Tante Ella, die immer Zeit hatte für „die Kinderchen“, bestens vertraut. Und da ich vor dem Geigenunterricht auch Klavierstunden bekam, ging es flott vierhändig: „Wir winden dir den Jungfernkranz . . .“, wobei die

„veilchenblaue Seide“ Gefühle fast körperlichen Wohlbefindens, des Entzückens in mir auslöste, während ich nie geahnt hätte, was „eine Jungfer“ war. Nun ja, die tugendhafte, etwas fade *Agathe* (das war gleich „Bete und Arbeite“ – Sprüche in den strapazierten „Alben“, in die man sich Verse, Aufklebbilder, Zeichnungen, Unterschriften erzwang und in denen – abgesehen von der Reihenfolge – immer dasselbe stand.)

Großherzogliches Hoftheater (zwischen 1879 und 1904)

Vor dem *Freischütz* durfte ich im GROSSEN HAUS das romantische Schauspiel *Preziosa* erleben, und, ziemlich klein noch, die *Puppenfee* und natürlich *Schneewittchen.* Eine Reihe vor uns wurde ein Mädchen hinausgeführt, die böse Stiefmutter war zu echt! Das „Dunkle Zimmer“ am Weihnachtsabend löste ähnliche Erregungen aus, aber mehr erwartungsvolle.
Was gehörte noch zum Kulturleben eines Kindes damals? Natürlich Konzerte – Symphonie-Konzerte im Theater, Veranstaltungen des Richard-Wagner-Vereins; Hausmusik.
Nahe bei Musik bewegt sich der Tanz. Großmama hätte es gern gesehen, daß ich Ballett-Unterricht bekam – das erfuhr ich aber erst Jahrzehnte danach. Nun, auch der nicht so gehobene, der soge-

nannte Gesellschaftstanz, hatte es mir angetan, und ich lernte in erlauchtem Kreise, was damals en vogue war. Und dann begab es sich denn auch, daß wir „zur Weinlese" nach Seeheim gebeten wurden. Der Großherzog, verhalten und immer noch souverän, – Eleonore in grauer Flanellbluse; – die jungen Prinzen alert, und Graf Hardenberg als deus ex machina.
Unsere Gruppe war in dem kleinen Bähnchen gekommen, das zwischen Bickenbach und Seeheim hin- und herpendelte, ich hatte Schuhe an, die zum drittenmal aufgefärbt waren. Es gab zwar schon wieder neue Schuhe, aber sie waren sündhaft teuer.
Kein Darmstädter Kind konnte sich seine Wiege aussuchen, weiß Gott – es waren nicht alle begünstigt. Aber die es waren, sollten dankbar sein!

Gretel Gimbel

Das Glockenblumenfest

Viele schöne Erinnerungen an Darmstadt sind mir geblieben, und ich werde eine der schönsten hier berichten.
Am 15. Juni 1900 wurde ich in Darmstadt in der Wendelstadtstraße, der heutigen Wilhelm-Leuschner-Str., Nr. 45½, geboren. Meine ganze Jugendzeit ist unlöslich mit dem Stadtviertel um die Johanniskirche verbunden. Mösers Hof mit seinen Petroleumwagen und Pferdeställen war ein kleines Paradies für uns Kinder. Als ich acht oder vielleicht auch schon zehn Jahre alt war, richteten unser Großherzog Ernst Ludwig und seine Gemahlin Eleonore ein Fest aus: das Glockenblumenfest im Platanenhain der Künstlerkolonie.
Dazu wurden alle Darmstädter Kinder eingeladen. Wer mitmachen durfte, mußte im Stadthaus angemeldet werden. Bedingung waren weiße Kleider oder Anzüge. Ich durfte mitmachen, hurra!
Jedes Kind bekam einen goldfarbenen Reif fürs Haar, links und rechts mit lila Glockenblumenbüscheln geschmückt. In der Hand trugen alle grünumwundene Stäbe mit einem Büschel Glockenblüten am oberen Ende. Eine Musikkapelle eröffnete diesen wunderschönen Umzug, der durch die Künstlerkolonie führte. In der Mitte aber kam das Allerschönste: ein kleiner Wagen mit

Ziegenbockgespann mit Prinzen auf der Mathildenhöhe

Glockenblumen und Bändern geschmückt, bespannt mit 4 Geißböcken. Die Karosse für den kleinen Prinzen Georg Donatus. Aber als man das kleine Prinzlein hineinsetzen wollte, schrie es wie am Spieß. Sicherlich war ihm die Sache nicht ganz geheuer. Kurzerhand wurde ein kleiner Heinerbub in das reizende Gefährt gesetzt, und der Prinz marschierte glücklich und stolz hinterdrein, mitten unter den anderen Buben. So nahm der Festzug seinen Verlauf und endete im Plantanenhain. Auch da, unter den schönen Bäumen, war alles mit lila Glockenblumen geschmückt. Lange, weißgedeckte Tafeln, mit Kuchen, Torten, Milch und Kakao beladen, warteten auf uns. Es war wie im Märchen. Anschließend gab es gemeinsame Spiele und viel Musik. Sattgefuttert, glücklich und hundemüde von den vielen wunderschönen Stunden dieses unvergesslichen Tages traten wir den Heimweg an. Schließlich waren wir ja Gäste des Großherzoglichen Paares gewesen, und so was kam halt nicht alle Tage vor.

Da gibt es noch eine Kleinigkeit, die in meinem Gedächtnis haftengeblieben ist. Es war in der Fastnachtszeit. Ein Fastnachtszug ging durch die Stadt, unter anderem auch eine Kleppergarde. Die Prinzen Georg Donatus und Ludwig waren, wie so oft, mitten dabei unter den Heinerbuben. Am Schloß hielt der Großherzog eine kleine Ansprache mit dem Bemerken, daß er stolz darauf sei, daß die beiden Prinzen echte Darmstädter Klepperbuben wären.

Es war wirklich so, die großherzogliche Familie war sehr verbunden mit der Bevölkerung und sehr beliebt.
Das tragische Schicksal dieser Menschen hat jeden Darmstädter tief bewegt.
Ich weiß nicht, ob es die Erinnerung ist, die alles ein bißchen vergoldet? Oder war es wirklich schöner als heute?

Johanna Grothe

Erinnerungen an Zerbst

Als sogenannte „Zugereiste" hörte ich von Carlo Schneider einen Dia-Vortrag über Alt-Darmstadt. Da ich nun schon viele Jahre in Darmstadt lebe, interessierte mich die Stadt, wie sie vor ihrer Zerstörung aussah. Bei diesem Vortrag kam mir mancher Vergleich mit meiner früheren Heimat ZERBST in den Sinn. Darmstadt und Zerbst wurden 1944 bzw. 1945 fast ganz zerstört.
Die Bilder von den engen Gassen der Darmstädter Altstadt, seinen Fachwerkhäusern, seinem Marktplatz und dem Schloß ließen vor meinem geistigen Auge Zerbst erstehen, das mit seinen Stadttoren, Stadtmauern, ebensolchen Fachwerkhäusern, wie sie Darmstadt hatte, mit dem Rathaus, seinen Kirchen und seinem Schloß das „Rothenburg Mitteldeutschlands" genannt wurde. Im Zerbster Schloß stand einst die Wiege der Zarin Katharina der Zweiten, die eine geborene Prinzessin zu Anhalt-Zerbst war. Ein Teil des Schlosses war bis 1918 Sommerresidenz des Herzogs von Anhalt.
Auch das Schützenfest im Juli jeden Jahres mit Beteiligung der Zerbster Bevölkerung kam mir in den Sinn. Interessant war das Scheibenschießen. Die Mitglieder des Schützenvereins zogen mit dem Scheibenkönig, begleitet von Musik, zum Schützenhaus, gefolgt von allen Einwohnern, die Zeit hatten. Und Zeit hatten damals viele Leute!
Noch aufregender war dann das Vogelschießen. Wer das letzte Stück vom Vogel abgeschossen hatte, wurde neuer König. Vom Balkon des Schützenhauses gab der neue Vogelkönig eine Proklamation bekannt; zuvor lockte ein Trommelwirbel die Scharen

von Zerbstern in den Garten. Der gekürte Vogelkönig fuhr später in einer offenen, geschmückten Kutsche zu seiner Wohnung, immer umjubelt von der Bevölkerung. Wie häufig bin ich bei dieser Gaudi neben der Kutsche hergelaufen.
Auf der Heide von Zerbst fand jährlich der Pferdemarkt statt. Interessiert hörte ich zu, wenn Bauer und Pferdehändler um den Preis stritten. Schließlich gab der Pferdehändler nach, der Kauf wurde mit Handschlag besiegelt. Zum Pferdemarkt reihten die Zigeuner ihre Wohnwagen vor dem Heidetor auf. Sie verstanden es ausgezeichnet, ihre Pferde, die sie verkaufen wollten, aufzumöbeln. Der Käufer, der auf den Trick hereinfiel, merkte erst einige Zeit später, daß es mit dem Glanz auf dem Pferderücken vorbei war.
Lebhafter Betrieb herrschte bei dem Jahrmarkt auf dem Marktplatz vor dem schönen Rathaus. Auf diesem Platz standen die Wahrzeichen von Zerbst: der Roland und die Butterjungfrau, zwei beachtliche Denkmäler.
Ich sehe auf dem Jahrmarkt noch den „billigen Jakob" vor mir, der Spitzen anbot. Er stand mit einem Gehrock hinter seinem Tisch, trug einen etwas verbeulten Zylinder und maß die Spitzen, indem er die Arme auf- und wieder zusammenschlug und dabei rief: ein Meter, zwei Meter, drei Meter, fünf Meter, alles für eine Mark. Kauft Leute, kauft, billig, billig! Natürlich kauften viele, denn das Angebot schien wirklich billig. Zu Hause dann beim Nachmessen hielt man höchstens drei Meter oder ein wenig mehr in der Hand.
Die Bilder von den alten Gassen der Darmstädter Altstadt, die Carlo Schneider gezeigt hatte, brachten mir auch unsere „Alte Brücke" in Zerbst wieder in den Sinn. Sie hieß nur „die Olle". Wer sich in Zerbst mit jemandem treffen wollte, verabredete sich auf der „Ollen". Jeden Tag, von 17–19 Uhr, war dort Bummel. Ein buntes Bild ergab sich da durch das Defilieren der Schüler der einzelnen Schulen, die verschiedenfarbige Mützen trugen. Die Schüler der Landwirtschaftsschule nannten wir Mädchen aus dem Lyzeum die „Mistgabelstudenten". Besonders beliebt waren bei uns die Träger der Mützen des Gymnasiums, entweder die Sekundaner mit den orangefarbenen Mützen oder die Primaner mit den weißen Mützen.
Eine Erinnerung an den Zerbster Marktplatz möchte ich noch kurz schildern: Es war Winter, Schnee hatte die Stadt eingehüllt. In einer alten Gaststätte mit Extrazimmer in einem schönen Kavalierhaus besuchte ich die Literaturstunde, die Dr. Lenz

Marktplatz von Alt-Zerbst mit Roland und St.-Nikolai-Kirche

hielt. Er war Deutschlehrer des Gymnasiums und der Schwarm von uns älteren Schülerinnen. Diese Literaturstunde verlief besonders romantisch, denn Dr. Lenz las bei Kerzenlicht Rainer Maria Rilke und Rabindranath Tagore, die damals „in" waren. Anschließend diskutierten wir über die gehörte Literatur. Als wir Mädchen an diesem Abend nach Hause gingen, innerlich voller Begeisterung von der Romantik dieser Stunde, schien mir der Marktplatz, mit Schnee zugedeckt und vom Vollmond beschienen, wie verzaubert. Himmlische Ruhe herrschte. Kaum ein Mensch begegnete uns zu so später Stunde. Dieses Bild hat sich in mir fest eingeprägt.

Vielleicht lebe ich hier in Darmstadt heute deshalb so gerne, weil mich manche Gebäude und Straßenzüge an meine frühere Heimat Zerbst erinnern.

Heinrich Gundlach
Im Zweiten Weltkrieg erblindet, berichtete er Toni Schroen-Biesterfeld

Aus den Anfängen der Waldkolonie

Ich verlebte schon meine Kindheit in der Waldkolonie und gehörte somit zu den frühesten Einwohnern.
Am unteren Dornheimer Weg, zwischen Rabenau- und Michaelisstraße, entstand um 1911, ganz im Wald, eine kleine Siedlung von sechsunddreißig Wohneinheiten. Sie wurde ausschließlich für Bedienstete der Deutschen Reichsbahn gebaut; genauer für Angestellte des Reichsbahnausbesserungswerkes am oberen Dornheimer Weg. Alle Wohnungen waren durch Alarmanlagen an den im Hauptbahnhof stationierten Hilfszug angeschlossen. Zur Stadt kam man über einen Feldweg und über die Brücke.
Da der Hauptbahnhof in den Jahren 1906–11 (mit tiefergelegten Gleisanlagen) erbaut wurde, müssen in jenen Jahren auch die beiden Brücken, die steinerne der Rheinstraße und die eiserne des Dornheimer Weges, erbaut worden sein.
In den dichten Kiefernwald des Sandgebiets westlich der Stadt war also eine erste große Bresche geschlagen worden. 1913 wurde auch der Waldfriedhof angelegt.
Wie weit es von der neuen „Kolonie" bis in die Stadtmitte, ja sogar nur bis an den damaligen Stadtrand war, wissen vielleicht noch die Älteren. Und die anderen mögen sich's ausrechnen, wenn sie hören, daß die „Kolonisten" aus ihrem Walde sonntags bis zur Johanniskirche laufen mußten, soweit sie einem evangelischen Gottesdienst beiwohnen wollten . . . die Katholiken gar bis zur „Käsglock", der Ludwigskirche. Die Kinder hatten entsprechende Schulwege, und das oft viermal am Tag!
Wenn die Mutter das Salz vergessen hatte, mußte eines der Kinder bis in die Bleichstraße traben. Eine Schienenverbindung gab es zunächst nur eingleisig für Reparaturwagen der Heag, die ihre ersten Werksgebäude etwa gleichzeitig mit dem Lokwerk und ihm gegenüber errichtet hatte. Vorläufer eines Personenverkehrs waren einige Behelfssitze für die hier unten wohnenden Heagangestellten in den erwähnten Werkswagen.
Nach dem Ersten Weltkrieg waren die sogenannten „Funker-

Hauptbahnhof, Blick vom Dornheimer Weg

kasernen“ in der Michaelisstraße 14–16 von Soldaten geräumt, von der Reichsbahn übernommen und ebenfalls zu Wohnungen für ihre Bediensteten ausgebaut worden.
(Einige von uns kennen vielleicht wenigstens vom Sehen die schreckliche Ungemütlichkeit dieser „Wohnungen“, vor allem in den beiden großen Gebäuden.)
1920 baute eine neugegründete Eisenbahner-Baugenossenschaft für ihre Mitglieder günstige Mietwohnungen zwischen Rodensteinweg und Rabenaustraße. Der hierbei entstandene sogenannte Konsumbau bot nun endlich Platz für eine günstige Einkaufsstätte. Aber auch die bisher behelfsmäßig in Stuben oder Nebenräumen betriebenen Lädchen wuchsen und wurden ausgebaut.
Auch die Stadt baute „hier“, und zwar preiswerte Reihen- und Einfamilienhäuser, die später ins Eigentum kinderreicher Darmstädter Familien übergingen.
So wurde für die wachsende Waldkolonie und ihre im Volksmund „Stinkbächer“ genannten Bewohner – die städtischen Abwässer kamen ja damals als „Stinkbach“ auf unserer Pallaswiese heraus – allmählich immer mehr Wald gerodet.
Aber vielleicht wissen wenige Darmstädter, daß dieses, ihr westliches Vorwerk, durch den Versailler Vertrag in den Jahren 1923 und 1924 noch ein ganz besonders schikanöses Schicksal zu erdulden hatte.
Denn die französische Besatzungszone in Deutschland reichte damals genau bis an die Dornheimer Brücke. Dort war eine

Kanal von der Waldkolonie bis Pallaswiese

Schranke mit Paßkontrollhäuschen. Und sie wurde abends um 18 Uhr geschlossen.

Heinrich Gundlach

E Lausbuwegeschicht'

Seiner Ehefrau berichtet

Es war an eme haaße Augustdag anno 1924, un weil in de Schul die Lehrer mehr geschwitzt hawe als wie mir, hat's hitzfrei gewe.
Mir hadde uns awer in de Religionsstund schwer denewe benumme, un deshalb hot uns unsern Klasselehrer en Haufe Strofaweit uffgebrennt, an der mer zu legge hadde. Mir hawe uns a glei uff die Sogge gemacht, denn mir hadde ja en weide Hamweg von de Stadt bis in de Dornemerweg in de Waldkolonie. Pech hadde mer noch, daß mer domols in de französisch Besatzungszohn gewohnt hawwe. Die Grenze vun dem besetzte Gebiet

wor an de Dornemerbrück, wo die Franzose en Schloogbaum un Schilderhäuscher uffgestellt hadde. Die Wachposte hawwe die Leit kontrolliert, die in die Stadt oder ham wollde, un wer net

Fränzösische Truppen an der Besatzungsgrenze Darmstadt/Griesheim, 1918

um 6 dahom woar, mußt iwwer Nacht im Bahnhof kampiern, weil die Schranke um die Zeit geschlosse worrn sin.
Also nach de Uffgawe hamer uns am Brünnche getroffe. Es wor de Alfons, es Kallche, de Itze, de Josef und de Heiner un noch vier, fünf Scheppe, die wo grad in demselwe Jor in die Schul komme sin. Weil mer net mehr in de Woog bade gehn konnte, weje denne Franzose, wollde mer irgend was anneres unernemme. Zuerst wollde mer die Wachposte an de Brück ärjern und dann wollde mer die klaane Franzosebuwe verhaache, weil die immer so nach Pafüm gestunke hawwe. Die Offiziern hadde nämlich ihre Fraue und ihr Kinner mitgebracht und die hamer liewer vun hinne wie vun vorne geseje und die hadde ja bei uns sowieso nix zu suche, so hamer damols gemahnt.
Mir sinn dann widder vun unserm Plan abkumme, denn sonst hedde mer vun de Franzose Ausgangssperr kriegt un des hed uns grad a net so gebasst bei dem scheene Wedder in de Stub zu sitze und Deimcher zu drehe. En Greßere hat uns en Vorschlag gegemacht, wir solde mal durch den große Abwasserkanal unner de Straß durch bis uff die Pallaswies laafe. De Josef hat die Laadern aus em Gasestall geholt, uns Kallche hat sich dahom heimlich die Streichhelzer ausgelieje. Mir hawe uns am Kanaleigang widder

getroffe, unne hinnerm Waldmannseck. Die Kanalrohrn worn so hoch, daß mer bequem drin laafe konnt, ohne sich zu bigge. Dene Scheppe ham mers gedermt, nix zu verrade, sunst kregdese e Dracht Brijel. De Alfons is mit de Lamp vorneweg maschiert, un mir im Gänsemarsch hinnerher. Schun bald worn mer an de Rabenaustraß, an der Trepp, die nuff geht an de Kanaldeckel. Von owe konnde da die Kanalaweider eisteije, wenn wos de unne net in Ordnung wor. Vor lauder Angst hamer dort agefange zu singe „Das Wandern is des Müllers Lust". Des muß von aa von unsre Müdder, die grad vum Dannebbellese vorbeikummen is, geherd worden sein. Die is nadirlich ham gerannt un hats glei brieworm den anderen Müdder erzählt. Un die hawe widder uff ihr Männer geword, die wo um halb finf vun de Aweit vum Lokwerk ham kumme sind. Die hadde sich dann glei uff ihr Fahrräder geschwunge un sin Richtung Pallaswies gefohrn, un hawe sich an dem Ausgangsrohr uffgestellt, um uns einen gebührenden Empfang zu bereide. In der Zwischenzeit sin mir da unne drin langsamer vorwärts kumme, und die Schebbe hawe gegreint un uns hat ach es Wasser in de Aache gestanne – vor lauder Angst. Ab und zu is aaner uff dem glitschische Boddem ausgerutscht un higefalle. Zurück konnte mer awer a net mehr, weil des noch weider gewese wär. Awer uff omal is es hell worn vor uns, un de Alfons is vorne weggerennt. Da hats ach schun Schläg gedahn, un aner vun unsere Vädder hat en iwwerm Knie leije und hod en bees verdachdelt. Kummt nor raus, hawwe se gerufe, ihr krigt aa ebes. Es ist nur schad, daß am sein eigene Vadder net erwischt hat, denn der het net so hart gehache, weil er selbst an sei Jugendzeit gedacht hot und daß er a kan Engel wor. So is jeder anzel hamgeschliche wie en begossene Pudel und hat sich in e Eck verdriggt. Es het ja sei kenne, daß mer se noch emol krigt hätt.
Am nächste Dag hat mein Vadder die ganz Korona zusammegerufe und hat uns klar gemacht, daß des e ganz gefährlich Sach gewese wer. Mir hedde in der dicke, stingische Luft dot sei kenne und kan Mensch het gewißt, wo mer gewese sinn. Des hamer uns ach schwer zu Herze genomme und hawe geschworn, den verbodene Kanal nie mehr zu bedrede. Un mir hawe a unser Wort gehalde bis zum heidige Dag.

Heinrich Gundlach

Großmutters Besuch aus Thüringen

Seiner Ehefrau erzählt

Fröhliche Gesichter und viel Freude gab es in unserem Hause, wenn unsere Großmutter aus Unterlauter bei Coburg – einstmals Thüringen – ihren Besuch in Darmstadt ankündigte. Sie kam alljährlich Anfang Dezember und blieb bis Mitte Januar. An diesem von uns Kindern schon so lange herbeigesehnten Tag

fuhr mein Vater nach Aschaffenburg, um Großmutter dort beim Umsteigen behilflich zu sein. Für meine beiden Schwestern und mich war dieser Besuch stets etwas ganz Besonderes, denn wenn Großmutter da war, gab es keine Langeweile. Sie trug eine wunderschöne Thüringer Tracht mit mehreren bunten Röcken übereinander. Wenn sie hier ankam, schleppte sie einen großen Henkelkorb und hatte einen schweren Rucksack auf ihrem schon etwas gebeugten Rücken.

Nach dem Ersten Weltkrieg – in den zwanziger Jahren – gab es wenig zu essen, und so freuten sich unsere Eltern, wenn Großmutter aus ihrer kleinen Landwirtschaft so manches Hausgemachte mitbrachte: Ein Säckchen Mehl, Butter, Käse, Speck, Schinken, hartgeräucherte Bratwürste und vieles andere mehr. Besonders lecker schmeckten die „Coburger Schmätzle", die den Nürnberger Lebkuchen ähnlich sind.

Wenn es dämmerte, saßen wir bei Großmutter und ließen uns ihre schönsten Geschichten erzählen. So manches lustige Erlebnis aus dem Dorfleben, aus ihrer Kindheit und Jugendzeit brachte uns in helle Begeisterung. Sie berichtete von Riesen und Zwergen, die in den Thüringer Wäldern hausten und ihr Unwesen trieben. Niemand konnte alte Märchen so schön erzählen wie unsere über alles geliebte Großmutter.

Nun war endlich der Tag gekommen, an dem wieder ihr Besuch bevorstand. Voller Erwartung standen wir drei Kinder mit unserer Mutter auf dem Bahnsteig. Schon nach kurzer Zeit fuhr der Zug mit der schweren Dampflokomotive in die Bahnhofshalle ein. Meine beiden Schwestern begrüßten stürmisch die Großmutter, wobei diese ausrutschte und mit ihren weiten Röcken auf dem Bahnsteig saß. Dabei muß sie mich kleinen Knirps in ihrer Aufregung mit heruntergezogen haben. Ich war plötzlich verschwunden, und meine Mutter rief ängstlich nach mir. Mein Vater lief aufgeregt zum Zugpersonal und bat, den Zug nicht abfahren zu lassen. Er vermutete nämlich, daß ich in ein Abteil der „Vierter-Klasse-Wagen" eingestiegen sei, um dieses näher anzusehen. Plötzlich standen mehrere Leute um uns herum, und andere suchten nach mir. Als sich die Großmutter von ihrem Schreck erholt hatte, erhob sie sich langsam, und so konnte ich endlich unter ihren ausgebreiteten Röcken hervorkriechen. Viele Leute schmunzelten, und manche lachten laut über diesen lustigen Zwischenfall. Aber der Großmutter war das gar nicht so angenehm, und auch ich stand ganz betroffen und beschämt neben ihr.

Doch bald war alles vergessen, und wir konnten endlich guter Dinge den Heimweg antreten.
Noch viele Jahre später, als wir Kinder schon längst erwachsen waren, wurde oft über diese lustige Geschichte herzhaft gelacht.

Paula Günther

Der gütige Finanzbeamte

Als ich 16 Jahre alt war, ging ich, wie so oft, ins Damenbad im Woog schwimmen. Wie immer schwamm ich zu den Fäßchen. Als ich einen Kahn in der Nähe erblickte, der auch noch eine Kette hinter sich herzog, schwamm ich dorthin, erfaßte die Kette und ließ mich zu meinem großen Vergnügen ins Schlepptau nehmen. Unbemerkt von mir, kam plötzlich ein Polizeiboot angefahren. Ich wurde aufgefordert, meinen Namen und meine Anschrift anzugeben, und es wurde mir gesagt, daß ich eine Strafe dafür zu erwarten hätte, daß ich mich über die Kette an den Kahn angehängt hätte.
Nach einiger Zeit kam ein Strafzettel im meine Wohnung. Die Begründung für die darin angesetzte Geldstrafe lautete: „Hat sich jenseits der Fäßchen an einen mit männlichen Badegästen besetzten Kahn gehängt, sich längere Zeit nachziehen lassen und damit groben Unfug verursacht.“ Meine Eltern waren sprachlos ob meines Verhaltens. Sie straften mich zum zweiten Mal damit, daß sie mich beauftragten, die paar Mark Strafe selbst beim Finanzamt abzuliefern. Mit Herzklopfen und recht verschämt stand ich dort einem Beamten gegenüber. Dieser aber war sehr gütig und tröstete mich in liebevoller Weise, sagte u. a.: „Da brauchen Sie sich gar nichts draus zu machen. Solche Sachen kommen öfters vor.“ Erleichterten Herzens ging ich von dannen.

Erich Haase

Fang eines Teufels

Als Zollbeamter war ich zur Überwachung der Grenze, die der Memelstrom zwischen Ostpreußen und dem unter litauischer Besatzung stehenden Memelland bildete, eingesetzt. Die Bevölkerung in den Grenzorten sprach Deutsch und Litauisch. Meine Frau stammte aus meinem Stationierungsort. Da ich meinen dienstfreien Tag hatte, entschloß ich mich am Nachmittag, gegen 16 Uhr zum Strom hinunterzugehen, um wieder einmal einen schönen Fisch zu fangen. Der Memelstrom hatte einen Fischreichtum, wie er nur selten zu finden ist. Als ich mein Angelgerät einpackte, kam mein Neffe hinzu und fragte: „Onkel, kann ich mitkommen?" Er war damals 7 Jahre alt. Nun, ich hatte nichts dagegen, und so marschierten wir zum Strom. Da es nur 300 m bis zum Wasser war, kamen wir gleich dort an. Wir begaben uns zu einem der Dämme, die zur Befestigung des Ufers in den Strom hineingebaut worden waren, und ich versuchte, zuerst einen passenden Köderfisch zu fangen. Bald hatte ich ihn und stellte eine Raubfischangel aus. Meinem Neffen befahl ich, an der Angel sitzen zu bleiben und mir zuzurufen, wenn ein Biß sich meldete. Ich ging zum nächsten Damm, der etwa 150 m entfernt war und warf dort meine Angel aus. Dabei beobachtete ich, daß mein Neffe seine Aufmerksamkeit weniger der Angel widmete als den Schiffen und Flößen auf dem Wasser. Plötzlich sprang er auf und schrie: „Onkel, an deiner Angel ist was dran, die Rute ist mit der Spitze bis ins Wasser gebogen!" Ich lief rasch hin, und tatsächlich war die Rute, die ich in den Steinen festgesteckt hatte, bis ins Wasser gebogen.

Mit viel Mühe bekam ich sie aus den Steinen heraus. Nun ging das Theater los! Zuerst war die Schnur am Grund fest und ließ sich auf keine Art einholen. Dann schoß sie plötzlich vor, und ich merkte, daß ich etwas Schweres dran hatte. Beinahe eine Stunde harten Drills kostete es mich, bis die Kraft des Fisches nachließ und ich ihn auf das Ufer bringen konnte. Heraus kam ein Wels, in seiner urig schwarzen Form. Mein Neffe hüpfte aufgeregt herum und staunte den etwa 1,80 m langen Fisch an. Dann stotterte er: „Onkel, was ist das?" Ich sagte: „Das ist ein Wels! – Lauf nach Hause und sage dem Onkel Fritz, er solle mir einen neuen Sack herunterbringen, damit ich ihn transportieren kann!“ Ich hätte den Wels in meinen mitgenommenen Behältern nicht unterbringen können. Nach einer halben Stunde kam mein Schwager mit einem Sack zu mir und fragte: „Was ist denn los, der Kleine hat das ganze Haus in Aufregung versetzt und schrie nur immer: „Schnell, schnell, komm, der Onkel Erich hat den Teufel gefangen!“ Als mein Schwager sich den Fisch ansah, lachte er lauthals und sagte: „Nun kann ich alles verstehen.“

Zur Erläuterung sei hier gesagt, daß die Grenzbevölkerung Litauisch und Deutsch sprach. Der Kleine hatte das Wort Wels falsch verstanden. In der litauischen Sprache heißt nämlich „Wels“ der „Teufel“.

Wir trugen das große Untier nach Hause und legten es auf die Waage. Es hatte ein Gewicht von 30 kg. Das ganze Dorf lachte noch tagelang über den „Fang des Teufels“.

Erich Haase

Die schönste Erinnerung aus meiner früheren Heimat

Nach Ableistung meiner 12jährigen Dienstverpflichtung im ehemaligen deutschen Hunderttausend-Mann-Heer (Berufssoldat in Ostpreußen) kam ich aufgrund meines Zivilversorgungsscheines zum Reichszolldienst an der deutsch-litauischen Grenze in Tilsit (Ostpreußen).

Aus dieser Zeit stammt auch eine meiner schönsten Erinnerungen, die mir so eindrucksvoll war, daß ich diese noch heute ereignisgetreu schildern kann.

Der Memelstrom bildete damals die Reichsgrenze zwischen dem nach dem Ersten Weltkrieg abgetretenen Memelland und dem Deutschen Reich. Der Streifendienst in Tag- und Nachtschicht am Strom war eine ziemlich langweilige Angelegenheit, und so trachtete jeder nach etwas Abwechslung. Da nun der Strom recht fischreich war und starke Exemplare an Hechten, Wels

und Zander beherbergte, stellte das eine starke Verlockung für Petrijünger dar, die wir Ostpreußen ja fast alle waren.
Aber wie hieß es so schön in unserer Dienstvorschrift: „Jagen und Fischen im Dienst ist verboten!“ Doch bekanntlich sind Vorschriften dafür da, daß sie übertreten werden. So hatte auch jeder von uns eine schön aufgewickelte Angelschnur für Raub- und Friedfische in der Tasche. Da wurde dann eine gegen Sicht geschützte Stelle am Strom aufgesucht, eine Gerte aus Stromweiden geschnitten, und schon ging's zum Angeln.
So hatte auch ich eines frühen Morgens um 3 Uhr Dienst; die Sonne ging herrlich auf und das Wasser lockte. Ich machte also meine Angel in der vorgeschilderten Form fertig und setzte mich an den Strom. Ich fing herrlich große und kleine Barsche, und so wurde dann von mir eine Raubfischangel aufgestellt. Nun, das Pech oder das Glück – wie man es nimmt – wollte es, daß ich dann einen Hecht von 32 Pfund bekam. Jetzt war guter Rat teuer, wohin damit? Meine Dienstzeit neigte sich auch dem Ende zu, und ich mußte mich auf den Rückweg machen. Ich habe dann den Hecht abgeschlagen, in meinen Regenumhang gewickelt und auf den Gepäckträger meines Fahrrades verstaut. Dann ging's ab zur Dienststelle.
Doch das Unglück schreitet schnell, und so sah ich schon von fern meinen Dienstvorgesetzten (den Herrn Zollgrenzkommissar) mir zur Kontrolle entgegenkommen. Er durfte mich unter keinen Umständen mit dem Hecht erwischen – was war also zu tun? Ich stellte mein Fahrrad an einen Baum und ging ihm rasch einige Schritte entgegen, wobei ich das Rad so stellte, daß er mit seinem Rücken zu meinem Fahrrad stand, und machte ihm meine vorgeschriebene Meldung. Leider hatte er scheinbar viel Zeit und fing mit mir eine private Unterhaltung an. Da sah ich, daß mein Hecht auf dem Fahrrad die letzten Schläge tat, so daß der Regenumhang ganz schön knatterte. Prompt drehte sich der Kommissar nach dem Geräusch um. Ich bekam einen Schreck, doch da mein Fisch wieder ruhig war, dachte ich, es wäre nochmal gutgegangen und der Vorgesetzte hätte nichts bemerkt.
Einflechten muß ich dazu noch, daß auch er ein leidenschaftlicher Angler war!
Er fuhr dann gleich darauf mit seinem PKW weiter, und ich war froh, daß die Sache nochmal gut abgelaufen war.
Einige Wochen später hatten wir eine Dienstbesprechung und anschließend eine Stunde gemütlichen Beisammenseins. Plötzlich wendete der Kommissar sich mir zu und sagte: „Herr Haase,

an Sie hätte ich noch eine private Frage!" Ich dachte mir nichts Schlimmes und erwartete seine Frage. Dann sagte er: „Wie schwer war denn der Hecht bei unserem letzten Zusammentreffen?" Man kann sich vorstellen, wie erschrocken ich war und in welche Verlegenheit ich geriet. Nun, was blieb mir weiter übrig, als ihm das Gewicht mitzuteilen. Er lächelte und sagte nichts mehr.
Die anderen Kollegen haben nicht bemerkt, daß dieses Ereignis in den Dienst fiel, da sie annahmen, daß es bei einer privaten Begegnung geschehen war. So hatte mein Vorgesetzter mir auf vornehme Art beigebracht, daß er den Hecht wohl bemerkt hatte.

Sophie Heiner

Die Darmstädter Strickschule

Ich bin 1892 geboren und von 1898 bis 1906 in die Strickschule des Evangelischen Bundes in Darmstadt gegangen. Davon will ich jetzt erzählen:
Die Strickschule war in der Runde-Turm-Schule gegenüber dem Gefängnis im Vorderhaus untergebracht. Viele Darmstädter Mädchen erlernten dort das Stricken, sobald sie sechs Jahre alt waren und zur Schule gingen. Der Unterricht fand an den schulfreien Nachmittagen, am Mittwoch und am Samstag von zwei bis fünf Uhr statt. Ungefähr siebzig bis achtzig Kinder kamen dorthin; sie waren nach dem Alter in drei Klassen eingeteilt. Die Strickstunden wurden von Handarbeitslehrerinnen, den drei Schwestern Graf, geleitet. Das jüngste Fräulein Graf unterrichtete die kleinen, das älteste Fräulein Graf die großen Mädchen. An einem Topflappen lernten wir die Anfangsgründe des Strikkens, später wurden vor allem Strümpfe gestrickt. Oft ließen wir die Maschen fallen, aber Fräulein Graf brachte in ihrer liebevollen Art das Strickzeug immer wieder in Ordnung.
Während der Stunde konnten wir abwechselnd vorlesen. Die Vorleserin durfte auf dem Tisch sitzen, die Füße auf einen

Klappstuhl gestützt. Es war ganz still, alles lauschte den schönen Geschichten. Einmal wurde aus einem Mädchenbuch vorgelesen, ein anderes Mal stand eine Erzählung aus der Kirchengeschichte über Luther oder vom 30jährigen Krieg auf dem Programm. Ich las für mein Leben gern vor, und es fiel mir deshalb manchmal schwer, rechtzeitig mit meinen gestrickten Weihnachtsgeschenken fertigzuwerden. Meinem Vater strickte ich zu Weihnachten den einen Socken, zum Geburtstag den zweiten, und beim Weihnachtssocken mußte meine Mutter noch ein wenig nachhelfen, damit er rechtzeitig fertig wurde. Aber mein Vater hat sich trotzdem immer sehr darüber gefreut.
Im Sommer wanderten wir an einem schönen Mittwochnachmittag zum Hofgut Kranichstein. Auf der großen Wiese dort spielten und sangen wir, dann wurden wir mit Milch und Kaffeestückchen bewirtet und konnten essen und trinken, so viel wir nur wollten. Das restliche Gebäck durften wir mit nach Hause nehmen.
Das Schönste aber war die Weihnachtszeit. Viele Wochen vor Weihnachten übten wir schon mit Herrn Lehrer Schäfer Gedichte und Lieder. Am letzten Samstag vor Weihnachten fand dann in der Turnhalle der Runde-Turm-Schule die Weihnachtsfeier statt. Am einen Ende der Turnhalle standen drei hohe Tannenbäume im Halbkreis, in der Mitte waren Tafeln mit den Geschenken für die Kinder gedeckt. Auf beiden Seiten saßen die geladenen Gäste, die Damen des Evangelischen Bundes. Besonders beeindruckt waren wir Kinder, als einmal auch Großherzogin Viktoria Melitta mit ihren Hofdamen unsere Weihnachtsfeier besuchte. Zu den Klängen des Weihnachtsliedes „Ihr Kinderlein, kommet" zogen die Mädchen herein und stellten sich auf, die Kleinsten ganz vorne. Zuerst hielt ein Pfarrer der Stadtkirchengemeinde eine Ansprache, dann stimmten die Kinder „Am Weihnachtsbaum die Lichter brennen" an. Als sie zu den Worten „Zwei Engel sind hereingetreten" kamen, traten zwei weißgekleidete Mädchen aus dem Tannengrün, setzten das Lied mit „Gesegnet seid ihr alten Leute, gesegnet sei du junge Schar" fort und verschwanden wieder. Dann lasen zwei Kinder die Weihnachtsgeschichte, andere trugen Gedichte und Lieder vor. Schließlich gingen die Kinder an den Damen vorbei, nahmen ihre Geschenke in Empfang und bedankten sich. Alle bekamen eine Schürze und ein Lebkuchenherz, die Kleinen Puppen, die Größeren Taschentücher, Handschuhe und dergleichen mehr. Die Dreizehnjährigen erhielten als Abschiedsgeschenk ihr Konfirmandengesangbuch mit einer Widmung des Evangelischen Bundes.

Viele meiner schönsten Kindheitserinnerungen sind mit den Nachmittagen in der Strickschule verbunden. Den drei Damen Graf, die in uneigennütziger Weise viele Jahre hindurch ihre freien Mittwoch- und Samstagnachmittage opferten, müßte man noch einmal die Hände drücken und ein Dankeschön sagen können.

Ernst Holtzmann

Gewitterregen über Darmstadt und seinem Großen Woog

Es war im Frühsommer 1965, als ein starker Gewitterregen über Darmstadt niederging und erhebliche Überschwemmungen anrichtete. Auch der Große Woog blieb vom Unwetter nicht unberührt. Größeren Schaden glaubte man zunächst nicht feststellen zu können. Es zeigte sich aber bald, daß eine starke Verschmutzung des Woogs eingetreten war und das Wasser Kolibakterien enthielt. Das Gesundheitsamt hatte Bedenken, das Bad offen zu lassen. So wurde wegen Verunreinigung des Wassers das Woogsbad bis auf weiteres geschlossen. Die eigentliche Badesaison an den heißen Sommertagen stand noch bevor. Was war da zu tun? Da ich sowohl Dezernent der öffentlichen Betriebe als auch des Amtes für öffentliche Ordnung war, fiel die Angelegenheit in mein Arbeitsgebiet.

Zunächst wartete man ab und hoffte, daß der Woog bald die Unbilden des Hochwassers überwinden werde. Das war aber leider nicht der Fall. Immer wieder wurden erneut Kolibakterien im Wasser festgestellt. Die Sache gewann kommunalpolitische Bedeutung, und wir berieten sie im Magistrat. Die einen wollten das Schilf zurückschneiden, um dadurch Verunreinigungen zu verhüten. Andere wollten eine neue besondere Schilfsorte pflanzen, weil diese das Wasser reinige. Auf Anraten unseres leider so früh verstorbenen Kollegen Emanuel Merck ging man einen dritten Weg. Man spritzte mit Feuerwehrgeräten das Woogswasser von der Insel aus hoch in die Luft, um es zu „belüften“,

weil man annahm, daß das Wasser stickig und auf diese Weise unrein geworden wäre. Auch das half nichts.
Mir wurde die Sache allmählich unheimlich, weil ich kein Ende mehr absah. Die Badesaison 1965 ging ungenutzt vorüber. Was würde wohl das nächste Jahr bringen? Als dann noch ein besorgter Stadtverordneter meinte, vielleicht käme die Verunreinigung von den Staren am Woog, brachte ich nur noch ein paar Verschen zusammen, die ich der Zeitung übergab.

Ich hab dehaam en scheene Gadde
Un Kersche drin, es war e Pracht.
Da kame Starn so flink wie Radde
Un hawwe all se abgemacht.

Dann kam en Reje, waß der Dunner,
Es hodd gerejent garnet sacht.
Die Brieh lief fast de Woogsdamm runner.
Der Woog wurd' trieb in aaner Nacht.

Jetz' dun die Ärzte uns verzehle,
Der Woog hädd Kohli in der Brieh.
Wann mer drin bad, kräächt mer de Schnelle,
De Typhus und Dysenterie.

Kaan Heiner derf im Woog mehr bade.
Do seggt doch aans – ich bin verdutzt, –
„Vum Reje kommt uns net der Schade,
Die Stare hawwe en verschmutzt."

Ich wurd' ganz trieb, kaum schmeckt mer's Esse:
„Jetz' sin ja wohl dei Kersche dran.
Hädd's Starevolk net die gefresse,
Der Woog wär rein gebliewe dann."

Doch schließlich konnt ich's doch net glauwe:
Was solle's grad die Stare sei?
Im Woog gibt's Frösch und Fisch wie Trauwe,
Macht so was net in'n Woog enei?

Des Viehzeich sitzt glei im Gewässer.
So'n Star macht's höchstens aus der Höh.
Fangt Frösch, ihr Heiner, dann werd's besser!
Mein Kerschbaum bleibt im Gadde steh'!

Statt Trost und Erleichterung im Unglück brachten mir diese Reime zusätzliche Schwierigkeiten. Die Stadtverordnetenfraktion, der der Stadtverordnete angehörte, fühlte sich beleidigt.

Ich mußte alle Anstrengungen machen, um die Zornigen zu beruhigen.
Eines Tages kam dann unser alter pensionierter Amtsarzt Dr. Hollub zu mir aufs Büro. In seinem gemütlichen österreichischen Deutsch sagte er zu mir: „Wissen's, i misch mi jo nicht gern in Sachen, die meinen früheren Dienstbereich berühren. Aber i wollt Sie doch e'mal aufsuchen, um Sie zu fragen: Herr Holtzmann, wollen's eigentlich mit der Wiedereröffnung so lange woarten, bis das Wasser so rein is, daß man's trinken kann?"
Als der im Dienst ergraute, erfahrene Mann das sagte, fiel mir's wie Schuppen von den Augen. Nach der ersten, durch das Hochwasser verursachten Verunreinigung des Woogs waren alle Beteiligten, Fachleute und mit der Sache befaßte Verwaltungsbeamte wie ich, in die Ansicht hineingerutscht, dem Wasser müsse ein Reinheitsgrad zukommen, wie es für eine Trinkwasserleitung, nicht aber für eine Badeanstalt gefordert wird. Trinkwasserqualität bedurfte es beim Woogwasser wirklich nicht, und nur diese war ja so schwer zu erreichen. Es war inzwischen Herbst geworden. Ich richtete mich darauf ein, das Woogsbad im kommenden Jahr zur üblichen Zeit im Mai wieder aufzumachen.
Die Badeeinrichtungen, die so lange stillgelegen hatten, waren in Ordnung zu bringen, das Schilf zurückzuschneiden. Die Amerikaner boten uns an, beim Schneiden des Schilfs behilflich zu sein. Ein Trupp von etwa fünf Mann kam und besorgte die Arbeit, wofür wir dankbar waren. Doch oh Schreck! Sie hatten eine Motorsäge benutzt. Dazu hatten sie Brennstoff gebraucht. Ein leeres Fäßchen hatten sie liegenlassen, und etwas Öl zeigte sich auf der Wasserfläche.
Bei der Presse war gerade winterliche Saure-Gurkenzeit, – und schon kam die Misere mit entsprechendem Bild in der Zeitung. Neue Unruhe; in der Naturschutzstelle munkelte man von Jahren, auf die hinaus der Woog nun verunreinigt sei. Ich ließ mich aber jetzt nicht mehr beirren. Zunächst half ich mir wieder mit einem Verschen in der Zeitung.

Erst warn's die Koli, dann die Starn,
Nachher fragt mer, ob's Ente warn, –
Un als des alles net mer zog,
Da schreit mer laut: Öl is im Woog!
Was, Öl im Woog? So fragt mer sich,
Macht unser Stadt jetzt mit de Fisch
En große Ölsardinehannel
Un schafft im Haushaltsplan en Wannel?

Ach naa: Die Stadt hat aach kei neie
Method von Schulde zu befreie.
Verbrennt hat se nur modrig Schilf,
Un's Öl war do e bißche Hilf.

En klaane Rest von Öl un Dreck,
Den mache brave Männer weg.
Net immer, wann aans Krach gemecht,
Is aach en Schade werklich echt.

Des is grad alles, liewe Leit.
S'is aach mol nix, wann aaner schreit.
Un kaaner soll uns hinnern draa:
Im Mai fängt's Woogsbad widder aa!

Mit meinen beiden geplagten Dienststellenleitern Vogel und Kochenburger vereinbarte ich, am 14. Mai die Badesaison im Woog zu eröffnen, und wenn ich selbst dabei einen Kopfsprung in den Woog machen müßte, um alle Bedenken zu beseitigen.
So ist's dann auch gekommen. Der 14. Mai war ein frischer, schöner Maientag. Das Woogspersonal, die Presse mit den nötigen Pressephotographen und die zwei Dienststellenleiter hatten sich am Ende des Laufstegs des sogenannten Damenbades –

Mein historischer Sprung in den nicht verseuchten Woog!

Eingang Landgraf-Georg-Straße – versammelt. Ein paar unentwegte Schwimmer und Schwimmerinnen tummelten sich bereits in den noch recht kühlen Fluten.
Und jetzt kam mein Kopfsprung in den im herrlichen Frühlingsglanz sich vor mir ausbreitenden Woog. Die Kameras klickten, die Versammelten klatschten und das Spiel war gewonnen, als sich ein Vertreter der Presse kurz entschlossen entkleidete und, wenn auch etwas schaudernd, dem Bürgermeister in das kalte Naß folgte.
Als am nächsten Tag in den Tageszeitungen die Bildberichte erschienen, waren die Ehre und das Ansehen des Woogs als sauberen und gesunden Badesees wieder hergestellt.

Friedrich Irmscher

So begann es

Nun lebe ich schon länger als ein Vierteljahrhundert hier. 1951 war ich von Leipzig nach Darmstadt gekommen. Eine Zeitlang habe ich auf dem Markt geholfen, Bratpfannen, Rasierklingen und Sicherheitsnadeln zu verkaufen. Ein Zufall machte mich vorübergehend zum Reisenden in Friseurartikeln.
Mit der Hilfe der Fürsorgestelle für Schwerbeschädigte – ich bin es zu 50 Prozent und war bald 20 Jahre Soldat – wurde ich beim Städtischen Kulturamt eingestellt. Ernst Schroeder war damals Dezernent und Bürgermeister, Dr. Engel Oberbürgermeister. Als Hilfsarbeiter wurde ich zunächst beschäftigt, um Listen anzulegen und Stühle zu transportieren. Aber andere Aufgaben kamen bald hinzu. So wurden z. B. stadteigene Plakatständer notwendig. Helmut Lortz schuf das System, eine Schlosserei baute sie. Mit der Verkehrsbehörde zusammen suchten wir die werbewirksamsten Standplätze für etwa 25 Ständer aus. Der Städtische Bauhof stellte sie dort auf, wo sie Passanten und Verkehr nicht behinderten.
Die Atmosphäre des Kulturamtes sagte mir zu: Umgang mit Literatur, Musik, Kunst. Mit ihnen als Liebhaberei und Wesentlichstem im Leben war ich vertraut seit meiner Jugend.
Ich begriff bald, daß die vielen und vielfältigen Aufgaben des Amtes nur zu erfüllen sein würden, wenn man Transformator

war. Die Vorstellungen der Künstler und Gelehrten waren umzusetzen in die Wirklichkeit von Ausstellungen, Tagungen, Konzerten, Kongressen. Alles Widrige war fernzuhalten. Die vielen notwendigen technischen und organisatorischen Einzelheiten galt es, nach Möglichkeit vorherzusehen und Wege für ihre Lösung zu finden. Es war für lautlosen und dienenden Lauf des Apparates zu sorgen. Ich lernte mich bald als den Mann mit der Ölkanne fühlen, besorgt darum, daß es im Getriebe nicht knirsche.

Die Arbeitstagungen des Instituts für Neue Musik und Musikerziehung, von Herbert Weitemeyer damals alle Jahre zu Pfingsten veranstaltet, fanden auf der Mathildenhöhe statt. An die 400 Besucher brauchten Hotelzimmer oder Studentenquartiere. Für diese waren Räume in einigen Schulen herzurichten. Bei den Adventisten auf der Marienhöhe und bei einem Heidelberger Verleih holten wir Feldbetten. Die Krankenhäuser und das Philipps-Hospital in Goddelau liehen Wäsche und Decken. Aus alten Beständen der Stadt gab es Waschschüsseln und Wasserkannen. Die Schulhausmeister und dazu noch eine ganze Mannschaft von Bauhof und Holzhof der Stadt räumten aus und räumten ein. HEAG und „Südhessische" schenkten Mahlzeiten. Hörsäle in den Schulen, in der Werkkunstschule, im Ernst-Ludwig-Haus waren mit Flügeln, Klavieren, Notenpulten, Stühlen zu bestücken. Aus dem Großen Saal der Ausstellungshallen mußte ein Konzertsaal werden, mit Podium, Instrumenten und Instrumentarium.

Für all dies galt es lange vorher zu schreiben, zu telefonieren, Besuche zu tätigen, Abschlüsse mit Handwerkern, Instrumentenverleihern, der Klaviertransportfirma, dem Klavierstimmer, mit Ämtern, Hotels, den Kliniken zu treffen und Hilfskräfte zu bestellen.

Dann liefen die Tage mit ihren Konzerten, Vorträgen, Lektionen. Stets hieß es die Hand am Puls zu halten, Störungen zu beheben, Fehlendes herbeizuzaubern. Den Damen Künstlerinnen mußte ich als Städtischer „Rosenkavalier" während des Schlußbeifalls nach den Konzerten einen Blumenstrauß überreichen. Mit vielen Menschen gab es Kontakte und wertvolle Gespräche.

In jedem Oktober wird der nach Georg Büchner benannte Literaturpreis der Stadt und des Landes Hessen verliehen anläßlich der Herbsttagung der Deutschen Akademie für Sprache und Dichtung.

Immer wieder ist dieser Kongreß der Literaturgrößen *das* Ereignis im Geistesleben unserer Stadt. Dicht drängten (und drängen noch heute) sich die Besucher zur festlichen Preisübergabe, mal in die alte knarrsitzige Stadthalle, mal in die Orangerie, mal in die Otto-Bernd-Halle, jetzt ins Staatstheater. Jahrelang zelebrierte Präsident Eppelsheimer mit liebenswürdig-altersweiser Verachtung der Übertragungstechnik den Festakt, so daß er oft kaum zu verstehen war. Hin und wieder haben ihn – heute meistens längst saturierte – „Revolutionäre" zu stören gesucht. 1965 hat die Preisrede von Grass schockiert und empörte Schlagzeilen gemacht. Karl Korn von der FAZ verließ türenknallend die Orangerie.
Die richtige Sitzordnung – für viele erlauchte Besucher aus Politik, Wirtschaft und Geistesleben; das sichtbare Zeichen ihrer Ranghöhe! – war jedes Mal ein Problem. Zusammen mit dem hochverdienten Generalsekretär der Akademie Dr. Ernst Johann und Herrn Brandt vom Hauptamt der Stadt wurde nach der optimalen Lösung gesucht, zugleich auch die Einladung zum Empfang möglichst frei von „Feuerwehrhauptleuten" (terminus technicus) zu halten, getrachtet.
Am Festtag selbst mußte dann alles wie auf Gummirädern laufen: geräuschlos, dezent, würdig. Den alles überrollenden – ach, so heiß ersehnten! – Mannschaften der Fotografen und des Fernsehens mit ihren Scheinwerfern, Kameras und dem Drahtgewirr der Kabel galt es, freie Sicht zu schaffen, ohne daß sie störten. Den Höhepunkt der Feier, die Preisübergabe auf der Bühne, verstellten sie ohnehin mit ihren breiten Rücken.
Für die Creme der Besucher gab es reservierte Plätze. Übung und Gedächtnis halfen, Menschen und Stühle zusammenzubringen. Hausherr Dr. Engel überprüfte noch einmal das Arrangement und hatte letzte Fragen. So es Mängel oder Fehler gab, sein Cäsarenauge entdeckte sie unweigerlich.
Entstammt dieses Gefühl deiner Inferiorität: Beglückt zu sein, wenn ein „Großer" mit dir spricht? Ist es das richtige Bewußtsein vom Platz in der Reihe, der dir zusteht und den du ausfüllst? –
Im Liebighaus wollte Prinz Ludwig telefonieren. Ich bemerkte seine Nervosität. Er hatte keine Münzen. Ich konnte aushelfen.
Günter Grass holte ich vom Hotel ab. Mit seiner Frau liefen wir durch die abendliche Stadt zur Lesung, plaudernd wie Spaziergänger. Erich Kästner, den Dresdner Landsmann, führte ich durch eine Ausstellung auf der Mathildenhöhe und merkte seine

Aufmerksamkeit im Gespräch als Echo. Golo Mann schlug ich Sekt vor statt Mineralwasser, damit er während seiner Rede sich erfrischen könne – und erfuhr seine freudige Zustimmung.

„In Darmstadt leben die Künste!" – das Signet von Lortz, die Worte von Sabais. In diesem Zeichen würde er siegen! Unser heutiger Oberbürgermeister war, von Weimar kommend, Redakteur bei der Deutschen Akademie gewesen und 1954 zum Kulturreferenten der Stadt berufen worden. Im Dezernat des kultivierten Preußen Ernst Schroeder hielten Jugend und Elan Einzug.

Mit Erika Delius, der ‚Prinzessin", und mir ging Sabais an die Arbeit. Also – neben dem vielen anderen! – Ausstellungen mußten gemacht werden. Die Haushaltsmittel dafür waren klein. Aber der Schwung war groß. Und ich hatte, außer dem Dienstfahrrad, eine 125er NSU. Damit war ich, auch äußerlich, beweglich.

„Das Bild der Landschaft" machte den Anfang. Von Helmut Lortz kamen ein wirksames Plakat und der Katalog. Die Ausstellung war ein erster schöner Erfolg. Bald darauf entstand die enge Verbindung zum „Deutschen Kunstrat", dessen Generalsekretär Dr. Ernst Thiele sehenswerte Kollektionen aus nah und fern vermittelte. Nur an „Hethiter", „Pakistan", „Island", „Norwegen" und „Schweden" sei erinnert. „Der Vogel Silbergold" zeigte Kinderbilder. In „Bokubi" demonstrierte ein Künstler aus Japan das Entstehen der Schriftzeichen-Kunstwerke in öffentlicher Session auf der Mathildenhöhe. „Freie Zeit zur Freiheit" und „An mein Volk" machten politische Themen in eindrucksvoller Weise deutlich. Der Architekt Günther Hennig schuf jeweils das Gesicht der Ausstellungen. Man nannte das bald den „Darmstädter Stil".

Jede Ausstellung erfordert, Monate vorher beginnend, immense Arbeit der Wissenschaftler, der Zuarbeiter im Sekretariat (in dem Herta Pahle mit unfehlbarem Gedächtnis waltete) und der Handwerker. Mit dem fertigen Katalog in der Hand macht der freudig angetane Besucher sich hiervon gewöhnlich keine rechte Vorstellungen. Auf der Mathildenhöhe mußten manchmal schwere Kräne die tonnenschweren Plastiken über die Brüstung heben. Für die Kunsthalle stellte das „Echo" einmal einen Gabelstapler zur Verfügung, der – da außerhalb des Betriebes tätig – zuvor einer Sondergenehmigung der Verkehrsbehörde bedurfte. Aber sonst hätten wir des Kunstpreisträgers Hermanns dicke Steinsäulen nicht aufstellen können. Das „Hängen" erfordert

künstlerisches und psychologisches Feingefühl und ist langwierige körperliche Arbeit.
Die größten Plastiken von Henry Moore sollten im Freien, im leicht abfallenden Raum vor den Ausstellungshallen stehen. Nachdem der Kran die mächtigen Stücke in den Rasen gestellt hatte, waren die Gärtner tätig gewesen. Aber wie! Jedenfalls wurde es notwendig – infolge des Wochenendes und der Zeit von nur noch 24 Stunden bis zur Eröffnung –, daß der Kunstreferent persönlich, von mir assistiert, zu Bohle, Hacke und Schaufel griff, um das Werk der pflegerischen Gestaltung rechtzeitig zu vollenden. Auch solches Tun gehört in den Bereich des Haushalttitels „Ausstellungswesen".
Der Druckfehlerteufel (oder doch einer seiner nahen Verwandten) hatte beim Aufbau der Max-Ernst-Ausstellung 1952 eine Glanzleistung vollbracht, vor die wir uns knapp eine Stunde vor Eröffnung gestellt sahen. Die Nummern an den Exponaten stimmten nicht mit denen im Katalog überein. Kasimir Edschmid, der den großen Maler und Freund würdigen sollte, ging, um sich einzustimmen, von Bild zu Bild. Dabei hatte er den Fehler bemerkt. Wie die geölten Blitze liefen wir alle, vom Amtsleiter bis zum Hausmeister, über das Spiegelparkett der Säle und hingen die Nummern um. Als die ersten Besucher kamen, konnten wir aufatmen. Edschmid hat spitzbübisch gelächelt.
Für die „Hethiter"-Ausstellung hatte die türkische Regierung, um der Sicherheit der einmaligen Stücke willen, umfangreiche Auflagen gemacht. Während der ganzen Ausstellungszeit lebten türkische Wissenschaftler der Staatlichen Sammlungen von Istanbul als Betreuer hier. Ein hoher Beamter des Kultusministeriums war darüber hinaus als Oberaufsicht hergeschickt worden. Er verlangte und erhielt für sich, Frau, Tochter und Auto, ein ganzes Haus hergerichtet und wachte darüber, daß den Exponaten nichts geschehe. Angesichts seiner nur begrenzten sprachlichen Möglichkeiten war das eine sehr verantwortungsreiche Aufgabe. Die Kosten für den großen Kran bei Auf- und Abbau blieben dagegen im Bagatellischen.
Auch andere Aufgaben gab es in diesen Jahren: Internationale Ferienkurse für Neue Musik, Jubiläen, Einweihungen, Gedenkfeiern, Stiftungsfeste, Geburtstage. Auch sie sind Glieder der großen Kette der Erinnerungen. Figuren im Reigen der Jahre. Manchmal leuchtet eine Episode auf und tritt im Gedächtnis nach vorn. Ich möchte das Ganze als Summe sehen und sagen: es war schön.

Gertrud Jonas

Schicksalsweg aus Ostpreußen nach Darmstadt

Seit 1950 lebe ich in Darmstadt, das ich als eine total zerbombte und verschüttete Stadt kennenlernte, was mir den Verlust der Heimat erleichterte.

Mit einem Treck habe ich im Spätherbst 1944 mein Dörfchen Striegengrund im Kreis Insterburg verlassen. Sehr schmerzlich war das, zumal im Stall die Schweine, Kühe und Katzen bleiben mußten. Mein Mann war Leiter des Trecks. Mit seinem Auto fuhr er voraus, um Quartiere zu besorgen. Ich fuhr mit meinem Polen und unseren zwei Pferden in dem Planwagen, der die wertvollsten und liebsten Dinge enthielt. Unser finnischer Schnauzer „Troll" war auch dabei. Kurz vor der Weichsel wurde mein Pole sehr krank, was uns beiden sehr leid tat. Weihnachten lagen wir in Alt-Christburg in Quartier, und da besuchte mich noch unsere einzige Tochter, die in Galiengen Lehrerin war. Es war aber ein trauriges Fest, zumal mein Mann mit einem Dreschkommando nach Hause geschickt worden war. Allmählich ging die Flucht weiter; der Weg wurde auf den vereisten, spiegelglatten Straßen immer schwieriger. Stollen zum Unterschrauben der Hufeisen gab es nicht mehr, und die Pferde stürzten wie die Fliegen. Die Quartiere wurden immer knapper, so daß wir eine Nacht sogar im Schweinestall schlafen mußten. Inzwischen waren wir bis Pommern gelangt und hatten Aussichten, den Russen zu entwischen, wurden aber von der Polizei immer wieder umgeleitet und haben kurz vor Kolberg unser Ziel erreicht. Da saßen wir nachts in einer großen Bauernstube beisammen, als wir plötzlich schreiende und weinende Mädchenstimmen hörten, die Türe aufgerissen wurde und eine Horde russischer Soldaten sich auf uns stürzte. „Frau komm!", hieß es nur immer. Und als wir dann von draußen vor der Türe wiederum schreckliches Geschrei hören mußten, wußten wir, in welcher Gefahr wir uns befanden. Am Morgen mußte sich jeder an seinen Treckwagen stellen; da nahmen sie uns die Trauringe, Ringe, Uhren und Ketten ab. Als dann ein Haufen polnischer Zivilisten auftauchte, übergaben ihnen die Russen unsere Wagen. Mit gehißter weiß-roter Flagge

und auf unseren eigenen Gefährten ging es in ihre Heimat! Das war wohl mein größter Schmerz: Keinen treuen Genossen hatte ich mehr bei mir, denn meinen armen Hund hatten die Russen erschossen. Körperlich und seelisch war ich völlig erledigt. Dabei begann erst für uns alle eine harte Zeit! Wir mußten bei den Russen schwer arbeiten – auf den Feldern, in den Ställen und in den Küchen. Um 5 Uhr wurden wir geholt. Dann ging es los – ohne Essen und Trinken. Wer einmal ein Stück Brot ergattern konnte, hütete es wie einen Schatz.
Eines Tages zog ich mit meinem kleinen Handwagen an den Hafen von Kolberg; dort wurden gerade Schiffe beladen mit Klavieren, Tischen und anderen Möbeln. Plötzlich stand ich vor einem geöffneten Klavier und schlug einige Takte an. Sogleich war ich von einem Haufen Russen umgeben, die mir Eier, Fleisch, Zucker und Schokolade anboten. Allerdings: vom Klavier durfte ich mich nicht mehr fortrühren. Am nächsten Tag fuhren wir nach Swinemünde, dort wurden die Sachen wieder ausgeladen; und da half ich auch wieder mit, aber immer einen Stuhl weiter zur Stadt hinein tragend. Plötzlich war ich an einem völlig zerbombten kleinen Häuschen, kletterte in ein Loch und wartete ab. Zuerst hörte ich rufen: „Frau komm!", dann aber tutete das Schiff – und ich war den Russen entwischt.
Von Swinemünde fuhr ich in einem Güterzug bis Greifswald und kam dort in ein Flüchtlingslager, wo Hunderte von deutschen Frauen und Kindern lagen, letztere oft mit Syphilis behaftet. Die Läuseplage war furchtbar und die der Wanzen nicht minder. Am nächsten Morgen ging ich zur deutschen Lagerleiterin und sagte, daß ich dort nicht bleiben wolle, sondern auf dem Bahnhof meinem Leben ein Ende setzen wollte. Da kam die Lagerärztin. Sie wollte mich gleich mit sich nehmen und holte mir nur noch fix saubere Kleider. Abends gebadet und im sauberen Hemd unter dem Dach geborgen zu sein – ich fühlte mich wie im Himmel. Frau Doktor hatte zwei süße kleine Kinder, das Mädchen zweieinhalb Jahre, der Bube fünf Monate alt. Diese Kleinen hatte ich zu betreuen, und sie hatten mich bald so lieb, daß die Mutter, die tagsüber Arztdienst tat, abends eifersüchtig war. Leicht hatte ich es da nicht, denn außer den Kindern oblag mir noch das Kochen sowie der Patientenempfang. Doch am meisten quälte mich, daß ich nichts von meiner Tochter und von meinem Mann wußte. Da, kurz vor Weihnachten, kam ein Brief von der Freundin meiner Tochter; sie schrieb aus Torgau

und schickte mir Hannis neue Adresse. Sie sei mit ihrem Mann im Spessart bei Wertheim und erwarte ihr erstes Kind. Herrgott!, da war ich vor Freude ganz außer mir und schrieb ihr sofort. „Wir warten schon mit Sehnsucht auf unsere zukünftige Omi!" – so kam einige Wochen später die Antwort. Da sah Frau Doktor ein, daß sie mich nicht länger halten konnte und beantragte die Ausreise. Diese erfolgte in einem Güterzug, mit dem wir sieben Tage und Nächte unterwegs waren. Verpflegung war ein altes kleines Brot, etwas Marmelade und zwei Eßlöffel Zucker. Da aber der Zug oft stundenlang auf der Strecke stehenblieb, haben wir uns zwischen den Schienen Feuer angemacht und dort Kartoffeln oder Rüben gekocht. Glücklich kam ich dann eines Tages auch in Wertheim an! Mein Schwiegersohn holte mich ab und sagte: „Liebe Mutti, so wie du aussiehst, kann ich dich deiner Tochter nicht gleich vorführen." So kam ich in die Wohnung des Mühlenbesitzers – wo auch meine Kinder wohnten –, durfte heiß baden und wurde sauber angezogen, die Backen rotgerieben – und dann kam der Augenblick, vor dem ich zitterte: nach jahrelanger Trennung endlich meine vielgeliebte Tochter in den Armen zu halten. Sie machte sich gut mit ihrem hübsch runden Mutterbäuchlein. Wir haben stundenlang gesessen und geweint und uns alles von der Seele geredet.
Nur die Nachricht fehlte uns noch, daß unser lieber Vater noch lebt. Aber diese bekamen wir inzwischen auch. Er schrieb aus der Gefangenschaft in Lübeck, und von dort wurde er auch entlassen. Eines Tages meldete der ersehnte Telefonanruf: „Morgen treffe ich in Wertheim ein" – und ich allein sollte ihn abholen. Von den vielen Aufregungen sehr schwach, konnte ich aber nur ganz langsam gehen, und so trafen wir uns auf halbem Weg. Wir setzten uns erst einmal in den Chausseegraben und haben uns umschichtig ausgeweint. „Zu Hause" fand die Nacht kein Ende, denn alles, alles mußten wir uns ja erst einmal vom Herzen reden.
Da wir ja noch kein Einkommen hatten, bemühte sich mein Mann sofort um Arbeit beim Bau der Mainbrücke in Hassloch, wo mein Schwiegersohn sein Praktikum als Ingenieur machte. Dort die schweren Zementsäcke zu schleppen, fiel dem noch schwachen Mann bitter schwer. Inzwischen aber wurde meine Tochter wieder als Lehrerin eingesetzt, und mein Mann wurde dort Schuldiener und Glöckner. Die Leute behaupteten, nach dem neuen Glöckner könnten sie ihre Uhren stellen. Unser

Schwiegersohn bemühte sich an vielen Orten um einen Platz, wo er seine Ingenieurausbildung abschließen konnte. So zog er nach Darmstadt mit einer riesigen Rauchwurst, die ihm ein Bauer geschenkt hatte. In Arheilgen mietete er ein Zimmerchen – die Wurst aber brachte er wieder heim.
Mit Beendigung des Studiums stellte ihn die im Wiederaufbau befindliche Technische Hochschule ein und vermittelte ihm in der Roßdörfer Straße eine sehr schöne Wohnung. Meine Tochter wurde Lehrerin an der Friedrich-Ebert-Schule, und wir Eltern betreuten die zwei Mädels und die Wohnung. Großes Glück bedeutete ein naher, verwilderter Garten, der kultiviert wurde und 10 Rodeländer Hühner bekam. Ihm gehörte jede freie Minute. Beide Mädels besuchten den Kindergarten des Elisabethenstifts. Ich kann mich noch entsinnen, wie stolz mein Mann war, wenn beim Abholen der Kinder die Schwester rief: „Mädel, fix anziehen, euer Papa ist da!" Wir hatten nämlich sehr jung geheiratet und sahen absolut nicht nach Omi und Opa aus. In diesem neuerstandenen Glück sollte uns jedoch ein schwerer Schlag treffen. Zu einem Sonntags-Bus-Ausflug in den Schwarzwald hatten die Kinder uns Karten geschenkt. Groß war die Vorfreude. Sie selbst hatten aber für Sonnabend Theaterkarten und baten, die Mädels zu baden, gleich zu Bett zu bringen und selbst gleiches zu tun, da wir am Sonntag um 6 Uhr aufstehen müßten. Die Kinder schliefen schon selig und süß, als wir beide in die Wanne stiegen. Als mein Mann zum Aussteigen aufforderte, sagte ich: „Nein, wir bleiben noch 10 Minuten, es ist noch so schön warm." – Um 22.30 Uhr kam meine Tochter heim, entdeckte im Bad noch Licht, rannte herauf, um uns auszuschimpfen und – fand uns beide leblos in der Wanne. „Gasvergiftung" stellte der herbeigerufene Arzt fest. Mein Mann kam gleich in die Leichenhalle und ich in das Städtische Krankenhaus, wo ich fast drei Wochen bewußtlos lag und der Arzt meiner Tochter sagte, da nütze alles Beten nichts, ich würde niemals wieder ein normales Leben führen können. Als ich eines Nachts die Nachtschwester mit einem ausgesprochenen Wort überraschte, meinte der Arzt, es sei ein Wunder geschehen, aber laufen würde ich wohl niemals mehr allein können. Langsam ging es aufwärts mit mir, aber fassen konnte ich nicht, daß mein lieber Mann mich nicht einmal besuchen kam. In der nächsten Nacht war es dann, als Professor Plügge mir am Fenster den Mond zeigte und fragte: „Wissen Sie, wer da oben auf Sie herunterschaut?", da brachte er mir schonend bei, daß mein Mann schon wochenlang auf dem

Friedhof liegt. Schrecklich muß ich geweint haben, die Kinder kamen und die Nacht durch saßen sie bei mir; aber ich wollte nichts als sterben. Am nächsten Tag kamen Tochter und Enkelkinder: „Liebe Omi, wir brauchen dich doch noch, wir haben dich so lieb!" Danach, in der Überzeugung, noch gebraucht zu werden, habe ich im Krankenhaus versucht und geübt, auf allen vieren die Treppen herauf und hinunter zu kraxeln, am Bett zu stehen und mich auch an Krücken zu gewöhnen.
Heim konnte ich wieder, erneut leben! Doch nur nicht in der Wohnung, wo mein Mann in der Badewanne gestorben war. Die Kinder mieteten für mich ein Zimmer im Neubau am Prinz-Georgs-Garten, wo so viele Tulpen blühen. Zu Mittag aß ich bei ihnen. Eines Tages erzählte mir Hanni nach einem ersten Besuch von der wunderschönen Grabstätte auf dem Waldfriedhof, daß sämtliche Klassen ihrer Schule mit ihren Lehrern, sowie alle Ostpreußen, Straßenbewohner und Hausbewohner zur Beerdigung Spalier gestanden hätten.
Später bekam mein Schwiegersohn eine gute Anstellung in Nürnberg. Ich hätte mitziehen können, wollte aber nicht das Grab meines Mannes im Stich lassen. Außerdem bin ich seit 1951 im Ostpreußenverband und bei den Insterburgern Mitglied und habe hier viele liebe und gute Freunde.
Doch nicht das allein hat mir Darmstadt liebenswert gemacht. Gleich nach dem Tode meines Mannes bildete ich mich zur Sozialpflegerin im Hausfrauenbund aus. Dort habe ich als solche 23 Jahre, also bis zu meinem 78. Lebensjahr, mitgeholfen, was mir die feierliche Überreichung des Ehrenbriefes der Stadt Darmstadt durch Bürgermeister Seffrin bescherte.
Mein Hobby ist: Reisen! – und zwar mit dem Flugzeug. So war ich schon in Moskau, Rom, Paris, auf Capri, in Holland, der Schweiz und Österreich. Als ich im vergangenen Jahr die Reise nach Ägypten plante, gab es leider Pech: ein Sturz im Bad brachte mich wieder ins Städtische Krankenhaus – mit fast 80 Jahren – zu einer schweren Operation. Mir wurde ein neues Hüftgelenk eingesetzt. Es war nicht ganz einfach, aber bei meiner Energie habe ich Operation und Krückenlaufen gut überstanden. Meinen Dank für die Leistung der Ärzte schrieb ich in einem Artikel beider Zeitungen nieder. Hatte ich wohl damit den Teufel an die Wand gemalt? Sechs Monate später stürzte ich nochmals. Die zweite Schenkelhals-Operation war fällig. Dem Chefarzt war dies ein bißchen viel: „Sie muten uns einiges zu. Zwei schwere Operationen in einem Jahr und dabei so ein

zierliches Persönchen!" . . . Ich habe ihnen aber geholfen, indem ich mich nicht unterkriegen ließ. 6 Wochen später durfte ich heim und ohne Krücken, während ähnlich Operierte in Pflegeheime kamen.
Nun habe ich den 80. Geburtstag und viele liebe Gratulanten „überstanden". Ich muß sagen, Darmstadt habe ich richtig liebgewonnen und dabei aber meine Heimat nicht vergessen.
Ich habe meine Heimat einmal aus großer Entfernung gesehen: als ich von Moskau nach Berlin flog, fragte ich die Stewardeß, welche Route wir fliegen, und sie sagte mir: „über Südostpreußen!" Da habe ich sie gebeten, mir zu sagen, wenn es soweit ist; und eine Stunde später drückte der Pilot das Flugzeug so tief herunter, daß ich die Masuren mit ihren herrlichen Seen blinken sah. Ich habe da natürlich weinen müssen, und da kam die Stewardeß mit einem Kännchen Kaffee und einem Stück Torte. – „Die Heimat verlieren ist schlimm", sagte sie. Und das war in einem sowjetischen Flugzeug!
Die Erlebnisse und Geschichten unserer Heimat beschäftigen mich immer wieder neu. Kein Wunder daher auch, daß ich an Fastnacht mit diesen noch gern in die Bütt steige.
Die Enkel-Mädels sind inzwischen erwachsen und bewähren sich im Beruf als Bibliothekarin und Lehrerin. Die jüngste, die Lehrerin, hat mich sogar zur Uromi gemacht. Ich bin auf meine reizenden und intelligenten Urenkel direkt stolz.
So habe ich in meinem Leben viel Leid, aber auch viel Schönes gehabt und habe alle Ursache, dankbar zu sein.
So Gott will und ich lebe, folgt eine Fortsetzung vielleicht in zehn Jahren, zu meinem 90. Geburtstag.

Gretel Kölsch

Erinnerungen an meinen Zustellbezirk als Briefträgerin im Jahre 39/40

Am 12. Oktober 1939 hatte ich meinen ersten Tag im Zustelldienst der damaligen Reichspost, wo die Frauen gebraucht wurden, denn es war Krieg. Meine Wahl war, in die Munitionsfabrik oder zur Reichspost zu gehen. Zur Post zu gehen, lag mir nahe, da ich das zwölfte Glied unserer Familie war, die bei der Post arbeitete.

Mein Zustellbezirk Nr. 78 hatte folgende Straßen: Wilhelminenplatz, Neues Palais, Sandstraße bis über die Heidelberger Straße, Riedeselstraße bis Saalbaustraße sowie die Weyprechtstraße. An zwei Sonntagen hatte ich Dienst, erst der dritte war frei.

Der Dienst begann um 5.45 Uhr mit dem Sortieren der eingegangenen Post. Um 7.45 Uhr startete ich auf der Post und begab mich über die Wilhelminenstraße in meinen Bezirk. Das Neue Palais bestellte ich als letztes Haus, wo ich viel Schönes sehen durfte. Ihre Königliche Hoheit Prinzessin Margaret von Hessen und bei Rhein traf mich eines Tages, als ich in das Palais eintrat, wünschte mir viel Freude an meinem Dienst, und ich durfte das Palais von der Küche an bis zum goldenen Saal besichtigen, ebenso im Garten das Treibhaus mit seinen wunderschönen Pflanzen. Mit dem Pförtner des Neuen Palais kam ich ins Gespräch, der mir erzählte, daß es der Großherzogin Eleonore vor dem schicksalhaften Flug nach England zur Hochzeit des Prinzen Ludwig bange gewesen sei. Erbgroßherzog Georg Donatus habe damals zu seiner Mutter gesagt: „Du brauchst doch keine Angst zu haben, ich bin ja bei dir.“ Diese Reise endete mit dem tragischen Flugzeugunglück in Ostende mit tödlichem Ausgang für die großherzogliche Familie. Wie sehr trauerte damals die Bevölkerung Hessens.

Als erstes Haus suchte ich die Buch- und Kunsthandlung Griesheimer auf, die sich westlich der Ludwigskirche befand und wo ich sogleich herzlich aufgenommen wurde und an allen Freuden und Sorgen der Familie teilnehmen durfte. An der Westseite des

Obere Wilhelminenstraße um 1940

Wilhelminenplatzes/Ecke Riedeselstraße wohnte auch die Familie Wohlfskehl in ihrem schönen Hause. Ich wurde nie am Tor abgefertigt, sondern immer ins Haus gebeten. Wie mir mein Vater erzählte, kannte er die Familie Wolfskehl schon gut, als sie noch im Herdweg 60 wohnte. Als Postzusteller erhielt er dort jeden

Stadtmitte nach Norden mit St. Ludwigs-Kirche, 1933

Morgen einen Imbiß. Am 3. Oktober 1916 wurde er in die Wohnung gebeten, um eine besondere Gratulation der Familie entgegennehmen zu dürfen, denn er hatte zwei Tage zuvor geheiratet. Frau Wolfskehl, die eine Pastorentochter war, spielte Klavier und die Angehörigen sowie das Hauspersonal sangen: „Jesu geh' voran auf der Lebensbahn", Anschließend wurde Vater ein sechsteiliges Kaffee-Service aus Porzellan mit Goldrand überreicht, ebenso ein Goldstück im Wert von 20 Mark. Noch heute ist dieses Service unser bestes.

Aus der Sandstraße möchte ich eine ganz reizende Dame erwähnen, Frau Lilla von Brentano, die Witwe des ehemaligen Ministers des Innern. Sie besuchte täglich um 8 Uhr die hl. Messe in der nahen Ludwigskirche. Nie hätte sie auf diesem Weg nach Post gefragt, aber wenn ich zwischen 9 und 9.30 Uhr in das Haus in der Sandstraße kam, wo die Brentanos wohnten, lud sie mich fast immer ein, mit ihr Kaffee zu trinken.

Auch das Heim der Freundinnen junger Mädchen suchte ich auf, ebenso das Gebäude der Elisabethenschule, die damals schon vom Staat als Konfessionsschule geschlossen worden war und wo sich eine staatliche Schule befand. In dieser Straße durfte ich bei der Zeichenlehrerin Frau Müller-Berbenich ihre Malarbeiten bewundern.

Eine kleine Episode aus der Annastraße möchte ich noch erzählen. Im kalten Winter 1939/40 gab es viel Schnee und Glätte, was dazu führte, daß ich im ersten Stock eines Hauses die frisch polierte Treppe hinunterstürzte, mich aber noch unter Gepolter am Treppengeländer festhalten konnte. Im Parterre ging dann die Türe auf und heraus kam eine resolute, selbstsichere Dame, die mit fester Stimme rief: „Wie führen Sie sich hier auf!" Erschrocken rief ich: „Ei, meine liebe Frau, ich wäre beinahe die Treppe hinuntergestürzt." Da schrie mich diese Dame an: „Ich bin nicht Ihre liebe Frau – ich bin die Frau Generalleutnant."

Damals wurde die Post noch drei Mal am Tag zugestellt. Nicht nur mit den Postempfängern, sondern auch mit dem Zeitungsträger, der Milchfrau und der Gemeindeschwester kam ich in meinem Zustellbezirk in Kontakt. Es gab zu jener Zeit auch noch einen Briefträger-Pfiff. Ob das auch heute noch Sitte ist, entzieht sich meiner Kenntnis.

Philipp Kölsch

Als Briefträger in der Altstadt

Als ich diese Zeilen schrieb, war es mir, als wenn ich in einem Bilderbuch blättere. Nachstehende Erinnerungen gehen zurück an meinen Zustellbezirk während der Jahre 1917 bis 1939.

Ich war Briefträger von der Marktstraße, vom Schillerplatz, dem Schloß, dem Schloßgraben, der Großen und Kleinen Ochsengasse, dem Geistberg, der Rundeturmstraße, der Obergasse und der Schloßgasse.

Meine Altstadt war mir eine zweite Heimat geworden, denn als damaliger Zustaller nahm man an Freud und Leid in den Familien teil, was heute nicht mehr in diesem Ausmaß der Fall ist. Hausbriefkästen gab es zu meiner Zeit nicht, und alle Post mußte an jeder Tür abgegeben werden. Alles in allem kann ich sagen: es war ein stetes Zueinander und Füreinander. Meine erste Zustellung begann im Schloß, wo alles beim alten geblieben ist; bis auf die Schule der Weisheit, die einst von Graf von Hardenberg

Marktplatz mit Schloß

und Graf Keyserling geführt wurde. Der Marktplatz selber war zu meiner Zeit vom Schloß bis zum Rathaus und bis zum Kaufhaus Deuster an Markttagen vollständig zugestellt. Durchgänge von zwei Meter Breite gab es von der Marktstraße bis zu Fertig sowie vom Schloß bis zum Rathaus. Die Marktleute von Montag bis einschließlich Samstag wurden von mir mit Post beschickt. Die Schloßbierhalle, ein sehr gutes Lokal, hat einst hinter dem Haus der ehemaligen Metzgerei Heil gestanden und war durch einen Hof vom Markt aus zu erreichen.

An den Markttagen herrschte dort Hochbetrieb. Der Markt wurde von den Griesheimer Kleinbauern, den Eberstädter und den Weiterstädter Leuten bestellt. Viele Verkäufer kamen mit ihren eigenen Fuhrwerken, Eberstädter aber ausschließlich mit der ehemaligen Süddeutschen und später mit der Marktstraßenbahn.

Nun zu den Geschäften um den Markt herum: Henschel & Ropertz, einst Firma Rothschild, anschließend das Zigarrenhaus Koch, die Firma Fertig, daneben die schon erwähnte Metzgerei Heil und als Hinterhaus die Gastwirtschaft Schloßbierhalle. Die heutige Firma Brackelsberg war einst die Firma Guggenheim und Marx, und im Hinterhaus befand sich der Friseur Wischmann, Dann Kalbfuß, heute am Ludwigsplatz. Ferner das Bettenhaus Buchdahl und die Firma Löb, anschließend das Café Schwinn, jetzt Grupe. Nun kommen wir zur Firma Deuster, daneben Weinschenk, jetzt Magazin, früher Schustergasse. Dann Schuhhaus Baar und Hotel „Schillereck", heute Kaiser's Kaffee-Geschäft.

Marktstraße 1 war die berühmte Gastwirtschaft „Schnookeloch" (Inh. Becker), wo frühmorgens von den Marktleuten das Frühstück eingenommen wurde.

In der Großen Ochsengasse 8 wurde die berühmte Herberge zur Heimat vom Diakon Merdes geführt. Hier übernachteten Handwerksburschen und Tippelbrüder der Landstraße. Bis zum Tode von Großherzog Ernst Ludwig wurde die Herberge zur Heimat am Weihnachtsfest von Seiner Königlichen Hoheit Ernst Ludwig und Ihrer Königlichen Hoheit Großherzogin Eleonore von Hessen und bei Rhein aufgesucht. Ein jeder Durchwanderer wurde persönlich beschenkt.

In der Großen Ochsengasse 18 befand sich das Zigarrengeschäft von Frau Nover. Wilhelm Nover war zu dieser Zeit Stadtverordneter. Im zweiten Stock dieses Hauses begegnete ich der damaligen Ballett-Tänzerin Frau Richter-Föhr und Töchtern.

In der Großen Ochsengasse 26 war die weit und breit bekannte

Große Ochsengasse um 1910

Brauerei Valentin Wagner, wo bis zur Nacht Betrieb war. Das Personal war zu jeder Zeit auf Freundlichkeit eingestellt. Kam der Gast und hatte seine Wurst und Brot dabei, bekam er ohne Anstand noch den Teller und Gabel und Messer dazu. So etwas suchte seinesgleichen.

Die Rundeturmstraße war die „längste Straße Darmstadts", denn hier befand sich das Gefängnis. Gegenüber war die Volksschule, die Rundeturmschule, die Grundschule für Alt-Darmstadts Kinder. Am Eck der Schloßgasse 34 ist die Metzgerei Apfel gewesen. Herr Apfel war zu dieser Zeit Stadtverordneter und ein echter, mit Humor gewürzter alter Darmstädter Heiner.

Zuständiger Ortspfarrer für meine lieben Altstädter war bis zur Ausbombung der große Prediger Pfarrer Wintermann, welcher zuletzt in der Pauluskirche gewirkt hat. Sonntags sang zu meiner Zeit in allen Straßen die Heilsarmee den lieben alten Darmstädtern den Festtag ein, diese hatte ihren Saal in der Schulzengasse 3.

Bis heute habe ich die Altstadt nicht vergessen.

Alfred Kröhnke

Neue Heimat – ein Selbstgespräch

Es war am 1. Juni 1950: Frühmorgens, noch vor 5 Uhr, hast du, nach langer Nachtfahrt, in Darmstadt den Zug verlassen; noch Schlaf in den Augen und im Hirn, bist du über Treppen gestiegen, durch Hallen getappt und stehst nun, ein wenig geblendet, blinzelnd im Sonnenlicht, auf dem Bahnhofsplatz.

Über den Platz siehst du eine Frau der Tür zustreben, durch die du gerade gekommen bist. Da kommt dir in den noch träumenden Sinn ein abergläubischer Gedanke, dem wir immer wieder scherzend folgten; ein Orakel über Erfolg oder Mißerfolg, über Glück oder Pech, die dem Tage oder der Unternehmung beschieden sein werden, je nachdem ob du als erstes einem hübschen jungen Mädchen oder einem alten häßlichen Weibe begegnest.

Bei solchen Gegensätzen muß ein Orakel unbestritten zutreffend sein. Aber nach ihnen kannst du die etwa 30jährige Frau („eine Frau bleibt sehr lange 30 Jahre alt!") nicht einschätzen. Sie ist korrekt gekleidet, ein wenig, aber durchaus nicht auffällig gepflegt. Sozusagen im Vorübergehen wärest du geneigt, sie zu „der Darmstädterin" schlechthin zu ernennen.

Sie lächelt ein wenig. Vielleicht hast du sie in Gedanken zu lange angeschaut, so daß sie amüsiert über dich lächelt. Aber, sie lächelt und wird, wie alle Frauen, dabei schöner! – und ist schon durch die Bahnhofstür verschwunden.

Und du stehst noch immer auf dem Platz vor dem Bahnhof und mühst dich, vom Orakel, das du befragt hast, die Antwort zu erfahren.

Nicht hübsch und jung, . . . nicht alt und häßlich, . . .
aber bewußt und korrekt und durch ein Lächeln verschönt!

Und in dem Optimismus dieses strahlenden Sommermorgens steigert sich deine Selbstüberheblichkeit dahin, die Stadt habe dir zum neuen Anfang ein Willkommenslächeln gesandt!

Noch hast du viel Zeit, und so kannst du dir die 30 Pfennig für den Straßenbahnfahrschein ersparen. Sparen mußt du sowieso mit deinen 327,– DM in der Tasche, mit denen du einen Monat lang auskommen willst.

Der Bahnhof von Darmstadt liegt weit entfernt vom Zentrum der Stadt, und während du die Rheinstraße entlang ihm zustrebst, erwägst du, ob man wohl in weiser Voraussicht das so geplant hat, um der Stadt die nötigen Wachstumschancen zu geben, oder ob (Trümmer und Hausruinen zeugen davon) die Bomben des Krieges ein Feld gepflügt haben, das es nun neu zu bebauen gilt. Freilich, als du zum ersten Mal, gleich nach Ende des Krieges, hier vorbeikamst, sah's weitaus schlimmer aus; man hat inzwischen viel und fleißig geräumt, Schäden beseitigt und auch manches schon wieder aufgebaut.

Auf dem Luisenplatz steht immer noch, umpulst vom Leben der Stadt, das Denkmal des Landesherren, den die Darmstädter ein wenig respektlos und vertraulich den „langen Louis" nennen, und symbolisch segnet der Landesvater noch immer die Stadt, so wie er es vor rund 100 Jahren noch tun durfte.

Du mußt einen Friseur suchen, der dich rasiert. Schließlich willst du eine neue Stelle antreten, einen neuen Lebensabschnitt in der zivilisierten Welt beginnen; die Zeiten, wo du dich schnell vor einer russischen oder polnischen Bauernkate oder auch an einem Tümpel oder Graben, wenn er nur Wasser hatte, rasiertest, sind vorbei; ebenso die, wo der Bart in Bahnhofstoiletten, in Notquartieren oder sonstigen Waschgelegenheiten beseitigt werden mußte. Das Leben hier im Westen läuft längst schon wieder in alten zivilisierten Bahnen, und nur du hast noch einigen Nachholbedarf; aber beim Antritt deines neuen Dienstes muß auch dein Äußeres tadellos sein.

Wie du mit glattem Kinn und glatten Wangen, eilig, weil die Rasur doch länger dauerte, als du kalkuliert hattest, beim Werk erscheinst, erkennst du, daß es „die anderen" gar nicht so eilig haben wie du. Für sie ist's die alltägliche Einstellung eines neuen Mitarbeiters, für dich der entscheidende Schritt zum Seßhaftwerden nach Krieg und Kriegsfolgezeiten. Du mußt warten und warten, wie früher einmal als Landser; dann werden Fragebogen ausgefüllt, Papiere übergeben und für gut befunden, Gespräche geführt, vorsichtig und zurückhaltend (man kennt einander ja noch nicht!). Du wirst hierhin gewiesen und dorthin weitergereicht, wieder Gespräche, wieder unverbindliche Zurückhaltung. Zwischendurch unterschreibst du auch deinen Vertrag und darfst den Kugelschreiber, mit dem du dies vollzogst, behalten; zwischendurch erhieltst du auch ein Mittagessen in der Werkskantine, das dich nur noch sehr entfernt daran erinnert, wie du

in den vergangenen Jahren, das Eßbesteck im Stiefelschaft, deine Verpflegung im Kochgeschirr empfingst.
Der nächste Schritt, um seßhaft zu werden, führt zum Rathaus, und trotz reibungslosen Ablaufs bewunderst du die Akribie, mit der deine polizeiliche Anmeldung durchgeführt wird. Reibungslos deshalb, weil in dem Circulus vitiosus „Ohne Arbeitsplatz – kein Zuzug, ohne Zuzugsgenehmigung – keine Wohnung, ohne Wohnung – keine Arbeit, usw. usw." bereits der Arbeitgeber eine Kerbe gehauen hat.
Mit einem letzten Federstrich bist du offiziell seßhaft geworden, wieder eingegliedert in eine Ordnung, die auch Krieg und Nachkriegszeit zwar erschüttern, aber nicht zusammenbrechen lassen konnten.
Nach all dem Offiziellen des Tages strebst du „nach Feierabend" deiner neuen Behausung zu; du weißt: ein kleines möbliertes Zimmer in einem Siedlerhäuschen, das die inzwischen alten Rentner-Eheleute seinerzeit fast ausschließlich in Selbsthilfe erbaut haben. Dein Zimmer hat der Hauswirt mit viel weißer Farbe renoviert, und es mutet an wie ein Lazarettraum.
Auf dem Heimweg kaufst du für dein Abendbrot 100 g Schinken (für 85 Pfennig) und ein halbes Brot (für 40 Pfennig); (die Preise wirst du dir für spätere Zeiten merken müssen!). Einen halben Schoppen Ziegenmilch hat dir deine Wirtin zum Abendessen versprochen.
Da kommst du an einem Haushaltwaren-Geschäft vorbei, und einer plötzlichen Eingebung folgend kaufst du dir einen Hammer (für DM 2,70) und ein Tütchen Nägel.
Du hast an dein kahles Zimmer gedacht: ein Bücherregal mußt du dir zimmern, ein Bild gehört an die Wand und ein Spiegel über den Waschtisch. Gewiß: der Hauswirt würde dir auch einen Hammer leihen, aber für deinen Aufbau im kleinen brauchst du, trotz eisernen Sparwillens, eigenes Werkzeug.
Und so schreitest du bewußt, unternehmungslustig und fröhlich deiner zukünftigen Wohnung zu; der Hammer und die Nägel wiegen schwer in deiner Tasche.

Margarete Kubelka

Geschichte aus zwei Städten

Veröffentlicht mit freundlicher Genehmigung der Verfasserin

Das Städtchen, in dem ich aufgewachsen bin, liegt im nördlichen Böhmen und hat heute einen tschechischen Namen. Damals gehörte es mir, wie einem alles gehört, was einem vertraut und lieb und selbstverständlich ist, und es wäre mir nie in den Sinn gekommen, daß man eine Stadt verlieren kann wie einen Geldschein oder ein Schmuckstück oder einen Menschen, der eines Tages fortgeht und nicht wiederkommt. Diese Stadt hatte einen kleinen Bahnhof, an dem sogar der D-Zug, der von Reichenberg kam, zweimal am Tage hielt, sie hatte ein Schloß auf einem großen, weiträumigen Marktplatz mit Kopfsteinpflaster, eine Kirche und eine Schule, die auf zwei Hügeln einander gegenüberstanden: die Kirche war den beiden Heiligen Peter und Paul gewidmet und die Schule dem Einmaleins und den sechsundzwanzig Buchstaben, aus denen die Vielfalt der Welt zusammenzusetzen ich damals gelernt habe. Das Städtchen hatte ein wenig Industrie, Gerberei, Möbel und Herrenwäsche, einen Meierhof, Felder, Wald und einen Hausberg, dessen sanfter Hügel von einem spitzen Basaltkegel gekrönt wurde, und obenauf die Reste einer Ritterburg, um die sich einige Sagen spönnen.

Ich war damals ein Kind, das sich anschickte, sehr langsam und mit der Behutsamkeit, die wohl das Beste jener Zeit war, eine Frau zu werden, ein Kind mit langen, braunen Zöpfen, mit Angst und Neugier auf das Kommende, das lachte und weinte und in Lachen und Weinen nie allein war, weil es immer Gefährten hatte, die zwischen Kirche und Schule, Meierhof und Hausberg großgeworden und mir deshalb auf eine Weise ähnlich waren, die ich später vergeblich suchen sollte.

Seit einem Jahr war Krieg, aber die kleine Stadt merkte nicht viel davon. Es gab Lebensmittelkarten, Sondermeldungen und hin und wieder eine schwarzgerandete Anzeige in der Ortszeitung. Die Menschen gingen zur Arbeit und zur Kirche, wir Schüler fuhren in die benachbarte Kreisstadt ins Gymnasium, im Schloßpark blühten die Tulpen und Aurikeln, am Samstag war Markt auf dem großen Platz mit dem Schloß, und die Schwalben nisteten unter den Dächern. Jeder kannte jeden, die Leute hießen Bienert und Schicketanz, manche auch Navratil oder Soudek. Es hatte alles seine Ordnung, und das einzige, was uns ärgerte, war, daß nie etwas passierte. Für Sensationen sorgte die Zeitung: Mord, Lotteriegewinn oder ein Kalb mit zwei Köpfen; man glaubt das alles freilich nicht so recht, denn in unserem Städtchen kam so etwas nicht vor.

Zu den wenigen Abwechslungen für uns Teenager, die damals Backfische hießen, gehörte der Briefwechsel mit dem unbekannten Soldaten. Jede von uns hatte solch einen Namen mit einer Feldpostnummer, Schulen und Ämter teilten sie großzügig aus, denn es wurde gern gesehen, daß jene Männer an der Front, die keine Angehörigen besaßen, auch ab und zu einen Brief oder ein Liebesgabenpaket aus der Heimat bekamen. Jede von uns hatte „ihren" Soldaten. Briefe wurden gewechselt, Fotos empfangen, auf denen ein magerer junger Mann in Feldgrau optimistisch in die Kamera lachte. Wir zeigten einander die Bilder und die Briefe, verglichen Aussehen und Stil des Schreibers und probierten auf dem Umweg über die Feldpost so etwas wie einen ersten Flirt, der auf normalem Wege nicht möglich war, weil es außer ein paar Kranken und Unabkömmlichen im Städtchen keine jungen Männer mehr gab.

Mein junger Mann hieß Richard und stammte aus Darmstadt. Wo Darmstadt lag, hatte ich in der Schule gelernt, mehr wußte ich nicht. Freilich sollte ich im weiteren Verlauf dieses Briefwechsels noch viel von der Stadt am Woog erfahren. Richard war noch sehr jung, achtzehn Jahre, und wenn er auch nie zugegeben hätte, daß er Heimweh hatte, so hatte er es doch bestimmt. Er brauchte eine mitfühlende Seele, der er von Darmstadt erzählen konnte, und wer wäre dazu besser geeignet gewesen als ich, das kleine Mädchen aus dem nordböhmischen Städtchen, für das Darmstadt ein Zipfelchen der großen weiten Welt bedeutete!

Ich hörte also auf diese Weise zum erstenmal von dem landgräflichen Schloß, vom Herrngarten mit seinen alten, verzweigten Bäumen, vom Prinz-Emil-Schlößchen inmitten der kleinen, gepflegten Anlage, vom Woog mit seinen Badefreuden und der russischen Kapelle auf der Mathildenhöhe mit ihren märchenhaften vergoldeten Kuppeln und den vielen bunten Steinen, die man aus Rußland herbeigeschafft hatte. Als Richard einmal auf Urlaub fahren durfte, schickte er mir ein paar Ansichtskarten aus Darmstadt: das schöne, schmiedeeiserne Gitter am Schloßtor, den Weißen Turm und das Ernst-Ludwigs-Haus mit den beiden Kolossalfiguren links und rechts vom Eingang. Ich fand das alles wunderbar schön, bekam auch ein bißchen Sehnsucht nach der fernen, großen Stadt, die ich wahrscheinlich nie sehen würde, denn mein Platz war ja hier in der Stadt des großen Schlosses und des winzigen Bahnhofs, der Peter- und Paulskirche und der ausgedehnten Wälder mit ihren Pilzen und Preiselbeeren und ihrem spitzen Berg.

Die Zeit blieb nicht stehen und der Krieg ging weiter. Die Sondermeldungen wurden seltener und lauter, die Front rückte näher, und die kleine Stadt wurde so etwas wie eine Insel, auf der alles unverändert weiterzugehen schien, während die Wogen der sich überstürzenden Ereignisse rundherum höher und höher schlugen. Die kurze Zeit, die uns noch zu bleiben vergönnt war, brannte die vertrauten Bilder tief in Herz und Hirn hinein. Wir wußten noch nicht, daß wir schon bald die Heimat für immer würden verlassen müssen, aber fast jeder von uns schloß sich enger an das Geliebte und Gewohnte an, malte tagtäglich den spitzen Berg, die Schule und die Kirche mit seinen Blicken nach, prägte sich im Schauen das Schloß ein und das wogende Ährenmeer auf den Feldern, die schwarze Silhouette des Waldes und die bunten Bauernblumen in den Vorgärten, die ungeachtet aller Veränderungen blühten und wucherten.

Die Ausweisung kam über Nacht und ohne alle Vorbereitung. Mit dreißig Kilo Gepäck und von Furcht und Ungewißheit begleitet, verließen wir die Stadt, die einmal uns gehört hatte. Eine Odyssee auf Landstraßen, in Notunterkünften und Massenlagern begann. Wir kämpften um die nackte Existenz, und in den wenigen Minuten der Besinnung dachte ich an die kleine Stadt mit den zwei Hügeln und dem spitzen Berg und manchmal auch an Darmstadt, dessen Bilder und Postkarten nun in der versiegelten Wohnung lagen.

Nach vielerlei Irr- und Umwegen führte mich der Zufall oder das Schicksal, wie immer man es nennen mag, nach Darmstadt, wo ich nun seit 25 Jahren zu Hause bin. Die alten Postkarten in dem kleinen Städtchen gibt es nicht mehr, und auch das junge Mädchen mit den braunen Zöpfen ist nurmehr eine Erinnerung. Wirklich aber ist das alte Schloß mit seinem schmiedeeisernen Gitter, wirklich sind die beiden Löwen vor dem Landesmuseum, sind die Rosen und Tulpen im Prinz-Georgs-Garten und der fünffingrige Turm mit dem blumenbewachsenen Hügel. Ich brauche keine Postkarten mehr und keine Briefe, ich bin zu Hause, und nur manchmal, wenn ich die Augen schließe, sehe ich vor mir die Umrisse der kleinen Stadt mit Schloß, Berg und Kirche, aber es ist ein helles, freundliches Bild in sanften Pastellfarben, das den Augen und dem Herzen nicht mehr wehtut.

Adam Lang

Im „Watzevertel"

Im Jahre 1907 heiratete meine Mutter einen Witwer mit fünf Kindern aus der Pankratiusstraße 69, zwei Häuser vom Rhönring entfernt. Meine Mutter brachte außer mir noch einen Sohn mit. Wir waren jetzt vier Mädchen und drei Buben, mit den Eltern also neun Personen. In der „Bangertsgaß" hatten wir drei Zimmer mit Küche.
In den Jahren zuvor, bis 1907, waren mein Bruder und ich bei einer Tante in Pfungstadt in Pflege gewesen, denn Mutter war ledig und bei einer Professorenfamilie in Diensten.
Den ersten Eindruck von Alt-Darmstadt gewann ich bei unserer Ankunft auf dem Ludwigsbahnhof. Zum ersten Mal in meinem Leben sah ich eine Elektrische. Die erste Fahrt mit ihr war für meinen Bruder und mich ein Erlebnis. Vor allen Dingen ging es jetzt für uns ans Umschauen. Zwei Häuser von uns verlief der Rhönring mit der Odenwaldbahn, „Ostbahn" im Volksmund genannt. Der Rhönring war ja damals die Nordgrenze der Stadt (Martinsviertel). Von dieser Straße bis zum Bahndamm waren es etwa 50 Meter. Die Bahn fuhr hier eingleisig vom Main-Neckar-Bahnhof aus am Orpheum vorbei zum Ostbahnhof und von dort aus in den Odenwald. Zwischen dem Rhönring und dem Bahndamm befand sich von der Frankfurter Straße an bis zur Dieburger Straße ein etwa drei Meter breiter Grünstreifen. Er und der Bahndamm beiderseits wurden zweimal im Jahr von einer großen Schafherde abgeweidet, damit die Grasnarbe nicht zu hoch wurde. Nach jeder Abgrasung zog der Schäfer mit seiner Herde weiter auf die Weiden des Karlshofes und in die Maulbeerallee. Der Bahndamm hatte vier Viadukte: das erste an der Frankfurter Straße, das zweite an der Arheilger Straße, das dritte an der Pankratiusstraße und das vierte an der Kranichsteiner Straße. Die Polizeiaufsicht über das Martinsviertel

„Die Spitz" an der Technischen Hochschule

(„Watzevertel") wurde von den Schutzmännern Windisch und Heil ausgeübt. Unser Spielplatz war am Bahndamm und dahinter; meistens saßen wir auf den Schienen, zum Ärger von Schutzmann Windisch. Nach jeder seiner Aufforderungen, uns von da oben herunterzuscheren, sangen wir im Chor:
„Alle Winde wehen, alle Winde wehen, nur der Schutzmann Windisch nicht!" Wir gingen in die Müllerschule, und der Hinweg führte uns durch die „Bangertsgaß", wie die Pankratiusstraße im Volksmund genannt wurde, und der Heimweg über die Heinheimer Straße am Riegerplatz vorbei. Mein Stiefvater Jakob Eckert verkehrte viel in der „Spitz" – er war von Beruf Dreher und hatte den Beinamen „der Ruß", weil seine Großeltern in Rußland bei Leningrad lebten und dort eine kleine Eisengießerei hatten. Sein Freund Karl Eckart, Dachdecker und Vater von vier Kindern, wohnte im selben Hause wie unsere Familie. Beide waren naturverbundene Menschen. Sonntag für Sonntag wanderten sie schon in aller Frühe in den Kranichsteiner Park. Auch mit Förster Kern vom Forsthaus Kranichstein waren sie befreundet.

Während eines ihrer Waldspaziergänge gerieten mein Stiefvater und sein Freund nach Messel, wo sie sich mit neuem Obstwein vollpumpten. Auf dem Heimweg über die Chaussee, die von Messel nach dem Jagdschloß Kranichstein führte, wurden sie müde und suchten auf der Straßenseite in Nähe des Bahnwärterhäuschens nach einer Möglichkeit, sich niederzulassen, um sich auszuruhen. Es war dunkel, und beide sahen plötzlich in der Rinne einen kurzen Holzstamm liegen. Als sie sich daraufsetzen wollten, wurde der Baumstamm plötzlich lebendig. Es war eine schlafende und nun jäh erwachte Wildsau. Beide landeten im Chausseegraben und kamen erst morgens heim. Alle Geheimhaltung nutzte nichts. Der Karl erhielt von dieser Affäre an den Spitznamen „die Wildsau".

Alle Zufahrtsstraßen in den Kranichsteiner Park, der damals Großherzoglicher Wildpark war, waren an den Eingängen mit Doppeltoren versehen. Da wir von daheim aus knapp mit Geld waren, verdienten mein Bruder und ich uns durch Öffnen und Schließen der Tore für die Durchfahrt der Kutschen – hauptsächlich vor der Messe – immer einen kleinen Betrag, den uns Vater bis zum Beginn der Messe aufhob. Da damals immer sehr viele Kutschen fuhren, lohnte sich das „Geschäft".

Da die Mutter auch noch berufstätig war und die Mädchen daheim den Haushalt versahen, gingen mein Bruder und ich nach dem Essen immer in die Knaben-Arbeitsschule am Mercksplatz. Die Eltern zahlten dafür einen kleinen Betrag; dafür konnten wir unter Aufsicht eines Lehrers unsere Aufgaben machen. Vom dortigen Gärtner bekam jeder Junge ein Beet zum Bepflanzen zugeteilt, und nach der Reife durften wir die Ernte mit nach Hause nehmen. Bei schlechtem Wetter wurden wir mit Schnitzarbeiten beschäftigt. Eine Sehenswürdigkeit unseres Gärtners war die „Königin der Nacht", deren Blütezeit wir nie verpaßten.

In der Mitte des Schulhofs stand die Ludwigsplatane, die einen Umfang von vier Kinderarmen hatte. Beim jährlich stattfindenden Ludwigsfest war auch der Großherzog mit seiner Familie zugegen. Für uns Jungen gab es dann allerlei Belustigungen.

Im Jahre 1910 sahen wir von der Mathildenhöhe aus an einigen Abenden am westlichen Himmel den Halleyschen Kometen stehen, und die Leute erzählten sich, daß das Krieg bedeute. Und der Krieg kam, zuerst auf dem Balkan. Und mit den Kriegen kam so langsam die Mechanisierung, die wir Jungen täglich wahrnahmen. Über der Stadt erschien die „Rumpler Taube" des August Euler, der auf dem Griesheimer Sand sein Domizil hatte, die ersten Motorflugzeuge baute, auch den ersten Flugschein errang und das erste deutsche Flugverkehrsnetz schuf.

Von Arheilgen aus fuhr das Dampflieschen nach Eberstadt und

Prinz Heinrich von Preußen (links) und sein Fluglehrer August Euler (Archiv Römer)

Griesheim, und von Griesheim aus das „Zwiwwellieschen"; die Elektrische setzte ihre Fahrt bis in die Liebfrauenstraße, Ecke Heinheimer Straße, fort. Ab und zu sah man auch schon die ersten Automobile; die Fahrräder gab es jetzt mit Freilauf.
Im Jahre 1912 kam hoher Besuch in die Stadt, der Kaiser mit Gefolge und Zar Nikolaus von Rußland. Auf dem Exert war große Parade aller Darmstädter Truppengattungen. Graf Zeppelin mit seinem Luftschiff „Viktoria Luise" landete dort, und wir Buben durften die Seile halten und dabei einen Blick in die Kabinen werfen.
Der neue Bahnhof wurde gebaut, und die Bahngeleise wurden außerhalb der Stadt in die heutige Lage gebracht. Der Bahndamm am Rhönring war nun überflüssig geworden. In den Odenwald und nach Aschaffenburg ging es jetzt über den Nordbahnhof.
Wir Jungen lebten damals noch einen ruhigen Tag. Es gab kein Fernsehen, kein Radio. Wir hatten unsere Hausmusik oder nur

eine Mundharmonika und waren so im großen und ganzen zufrieden.
Im Sommer gings nachmittags in den Woog zum Schwimmen. Mutter gab jedem einen Zehner als Zehrung mit. Für einen Zehner kauften wir uns drei Weck, und in der Magdalenenstraße in der Pferdemetzgerei bekamen wir für den zweiten Zehner ein großes Stück Pferdewurst, die wir so gerne aßen. Wir Jungen hörten hier und da den Ausspruch: „So kann es nicht bleiben, es muß anders werden!“ Wir konnten den Ausspruch gar nicht deuten, denn bei uns war von Politik keine Rede. Wir hatten ja unseren Großherzog, und der sorgte für uns.
Auf dem Weg zur Schule fand ich einmal am Riegerplatz in der Gosse ein goldenes Zehnmarkstück. Ich gab es meiner Mutter, und sie ging mit mir zum Heß am Schloßgraben und kaufte mir eine Manchesterhose, beim Schuh-Jakob gegenüber an der Ecke Große Ochsengasse ein Paar feste Schuhe, und wir hatten außerdem noch ein paar Pfennige übrig.
Die Zeit verrann. Im April 1914 wurde ich konfirmiert. Beim „Darmstädter Tagblatt“ (Wittich in der Rheinstraße) wurde ich als Druckerlehrling eingestellt. Vater sagte zu mir: „Ich kann dir nur eine Mark Sonntagsgeld geben.“ Aber es langte für meine Bedürfnisse. Am „Weißen Turm“ war das Residenz-Kino. Der Eintritt kostete 19 Pfennige. In der Rheinstraße neben dem Union-Theater befand sich ein Automat. Dort kostete das belegte Brötchen 10 Pfennige. Mithin hatte ich noch 70 Pfennige, und damit konnte ich für 60 Pfennige im Hoftheater im 2. Rang die schönsten Opern und andere Stücke sehen. – Dann brach der Krieg aus, und wir Jungen zogen immer mit den Soldaten zum Bahnhof. Alles freute sich über den Krieg, zumal alle meinten, daß in zehn Wochen alles vorbei sei. Aber die Ruhe in unserem alten Darmstadt war im Schwinden, und jetzt bewahrheitete sich der Ausspruch: „So kann es nicht bleiben, es muß anders werden!“ – Und es wurde von da an immer wieder anders, und der Spruch gilt auch noch heute.

Adam Lang

Pferde-Auktion auf dem Exert 1912 – und was dann kam

Die „Schepp Allee“

Die erste Reise meines Lebens – und diese ganz allein! – war verbunden mit der alljährlich stattfindenden Auktion von Militärpferden auf dem Exert, wie wir Darmstädter unseren Exerzierplatz nannten. Dort fühlten wir Buben uns ganz zu Hause, weil das Soldatenleben und -treiben anziehend war. So erfuhren wir auch immer den Tag der Auktion, auf der Pferde der berittenen Truppen, so der Dragoner 23 und 24, des Artillerie-Regiments 61 und des Trains meistbietend zum Verkauf kamen. Daß es uns dorthinzog, dagegen hatten unsere Eltern nichts einzuwenden, sie wußten ja, daß es dort ordentlich zuging, und wir hatten immer wieder nach Hause gefunden, ohne Schaden zu nehmen, bis auf die Auktion in unseren Schul-Sommer-

ferien 1912, die ich zusammen mit meinem zwei Jahre jüngeren Bruder mit Wissen der Mutter besuchen durfte.
Verlockend dabei war für uns Buben die Möglichkeit, ein paar Groschen zu verdienen, sei es für das Halten der Pferde oder daß eine andere Gefälligkeit belohnt wurde. Hauptinteressenten der Versteigerung von Militärpferden älterer Jahrgänge, ruhiger, gepflegter Tiere, waren immer die Bauern aus naher und fernerer Umgebung Darmstadts. So ersteigerte an jenem Tage ein Bauer aus Monsheim bei Worms zwei Pferde. Er war allein und hatte seine Zahlung sofort zu leisten. So fragte er mich, ob ich mir zutraue, die Pferde inzwischen zu halten. Überzeugt, zwei ruhige Tiere vor mir zu haben, sagte ich zu. So langsam wie möglich fütterte ich willig angenommene Brocken eines Stückes Brot.
Zurückgekehrt wollte mein Bauer nun wissen, ob ich den Vormittag über Zeit hätte. Ich bejahte es, und so bat er mich, ihn mit einem der Pferde an der Leine zum Güterbahnhof zu begleiten. Mir begann die Sache Spaß zu machen, doch mein Bruder ging nicht mit, dafür sollte er daheim der Mutter von meinem Vorhaben Bescheid geben. Ohne Zwischenfall gelangten wir zum Güterbahnhof, wo schon ein Waggon für die Pferde bereitstand. Er war mit Stroh ausgelegt, und jedes Pferd war durch einen Flankierbaum vom anderen abgegrenzt. Der Platz in der Mitte war für den Begleiter. Jetzt aber hatte mein Bauer die nächste Frage: „Möchtest du wohl mit mir fahren? Die Schiebetüre bleibt halboffen, und wir können es uns bei den Pferden ganz bequem machen. Wegzehrung für uns beide und die Pferde habe ich genug dabei." Er hatte wohl mitten in meine Seele getroffen, denn ich habe nicht abgesagt. Die Fahrt mit dem Zug ging nun entlang der Bergstraße nach Bensheim und von dort nach Worms. In Worms wurden wir abgekoppelt und an den Zug angehängt, der nach Monsheim ging. Dort wurde er an die Rampe geschoben. Ein Knecht des Bauern erwartete uns bereits, und zu fünft zogen wir zu seinem Hof. Dort gab es ein deftiges Essen. Mittlerweile war es aber später Nachmittag geworden, und meine Gedanken richteten sich darauf, wie ich wohl überhaupt nach Hause kommen sollte ...
Als Lohn glänzte erst einmal ein blankes Fünfmarkstück in meiner Hand, zudem dann noch eine Fahrkarte für die Rückfahrt nach Darmstadt über Worms. Die Instruktion lautete: „In Worms mußt du umsteigen! Auf dem Bahnsteig warten zwei Züge, der eine fährt nach Darmstadt über Bensheim, der andere durch das Ried nach Frankfurt." Die Sache mit den

Zügen muß ich wohl falsch verstanden haben: Man bedenke doch, es war meine erste Eisenbahnfahrt ganz allein! So stieg ich prompt in den falschen Zug ein. Arg müde muß ich wohl auch gewesen sein, denn ich war trotz der harten Bank der IV. Klasse eingeschlafen. Es kam kein Schaffner, der mich hätte wecken können, und die Mitreisenden ließen mich auch schlafen. Erst nach Neu-Isenburg wurde ich wach. Recht verstört muß ich den Reisenden im Abteil gewiß vorgekommen sein, die mir erklärten, daß ich im falschen Zug sitze und in Frankfurt gar nicht erst durch die Sperre gehen sollte, sondern den Bahnsteig aufsuchen müßte, von dem aus der Zug nach Darmstadt fährt . . . Gesagt, getan. Eine ganze Stunde mußte ich auf einer Bank doch noch sitzen und bis zur Abfahrt warten. Zum Glück hatte mir die Bauersfrau noch eine gute Wegzehrung mitgegeben, so litt ich keinen Hunger und war beschäftigt, Getränk lieferte der Wasserhahn. Unter allen Umständen wollte ich ja mein verdientes Geld nach Hause bringen, denn ich fürchtete eine gewaltige Strafpredigt, wenn nicht mehr, zumal es inzwischen längst nachtschlafende Zeit geworden war.

Trotz allem frohgemut fand ich den Weg zurück in die Pankratiusstraße. Wir wohnten im Parterre, wo ich ans Fenster klopfte. Fühlbar erleichtert empfingen mich meine Mutter und die Geschwister. Vater war an diesem Abend nicht daheim, nichtsahnend saß er in einer Skatrunde. So atmete nun auch ich auf, denn fast hätte es etwas abgesetzt. Bis ich am nächsten Morgen aufwachte, war Vater schon fort. Mutter aber ermahnte mich, so etwas nie wieder zu tun, denn letzten Endes seien es fremde Menschen gewesen, denen ich gefolgt war. Das verdiente Geld beruhigte sie aber andererseits, denn fünf Mark waren damals viel Geld.

Ein guter Zufall war es also, der mir die erste große Reise meines Lebens eingebracht hatte. Lange Jahre habe ich davon gezehrt und denke auch heute noch gern daran zurück.

Adam Lang

Hausdiener am Darmstädter Hof

Es war im Frühjahr 1915, mitten im Krieg 1914–1918. Meine Druckerlehre bei der Firma Wittich (Darmstädter Tagblatt) mußte ich auf Anraten unseres Hausarztes, Herrn Dr. Schiffer, aufgeben. Ich stand vor einer neuen Berufswahl wegen meiner angegriffenen Gesundheit. Ich hatte einen Freund, der war Kochlehrling im Hotel „Darmstädter Hof" in der Grafenstraße, Ecke Waldstraße (heute Adelungstraße). Er verschaffte mir im Hotel die Stelle als zweitem Hausdiener. Meine Oblie-

Gaststätte und Hotel „Neuer Darmstädter Hof" in der Grafenstraße

genheit bestand darin, täglich zu den ankommenden Zügen des Ludwig- und Main-Neckar-Bahnhofs zu fahren, um dort das Gepäck der ankommenden Hotelgäste abzuholen. In unserem damals sehr guten Hotel wohnten u. a. Herr Generalmusikdirektor Felix von Weingartner vom Hoftheater Darmstadt mit seiner Frau Lucie (Kammersängerin, die auch die Titelrollen sang). Zu eben dieser Zeit belegte Herr Hauptmann Bölcke von der Fliegerabteilung Griesheim ein Zimmer in unserem Hotel. In seiner Begleitung war sein kleiner Foxterrier. Die beiden waren unzertrennlich. Jeden Morgen nach dem Frühstück wurde der Hauptmann mit seinem Hund von einem Kraftwagen der Abteilung zur Übung auf dem Griesheimer Sand abgeholt. Der Hund durfte immer bei den Übungsflügen mitfliegen. Bis auf einen Morgen! Bölcke hatte die Maschine schon bestiegen, der Propeller lief schon, das Startzeichen war schon gegeben, da kam der kleine Hund angerannt, der den Start verpaßt hatte. Er wollte zu seinem Herrn, sprang hoch, wurde vom Propeller erfaßt, und der untere Kiefer wurde ihm zerschlagen. Hauptmann Bölcke stieg wieder aus, um seinem Hund helfen zu können. Aber es war nichts mehr zu machen. Eingewickelt in ein Tuch, brachte er den Hund zu uns ins Hotel. Ein Tierarzt war nicht zur Stelle, so entschloß er sich, dem Tierchen den Fangschuß geben zu lassen. Er selbst konnte es nicht tun. Auf der einen Seite der harte Offizier mit zahlreichen Abschüssen, und auf der anderen Seite der weiche Mensch. Er bat *uns,* die Erschießung vorzunehmen. In der Pistole war nur eine Patrone. Mein Freund ließ sich die Handhabung erklären und so ging es rasch vor sich. Der Hauptmann nahm seinen toten Hund mit sich und ließ ihn auf dem Griesheimer Sand begraben.

Karl-Wilhelm Leyerzapf

Der „Große Woog" 1913–1973

1913 wurde am Großen Woog die „Liebesinsel" als behelfsmäßiger Luftbadeplatz hergerichtet. Man konnte bequem von der eigentlichen Insel – das Wasser war gar nicht so tief –

bis zum Luftbad und zurück gelangen. Meist war man vom Sandliegen und Sandwerfen etwas schmutzig und wurde wieder ganz sauber, bis man zur Insel zurückkam. 1925 wurde die Pfahlbauinsel abgerissen. 1921 wurden nach damals noch ganz modernen Gesichtspunkten die große Kampfbahn und 1926 ein viel bewunderter Sprungturm erbaut. Das Schwimmen entwickelte sich allmählich zu einem echten Kampfsport. Es wurden damals begeisternde Wettkämpfe veranstaltet. Von 1924–1926 entstand das Strandbad als Licht- und Luftbad, das sich bis heute großer Beliebtheit erfreut. Dort herrscht immer reger Betrieb.
Seit dem Jahr 1935 gehört der Woog endgültig der Stadt Darmstadt, die sich ständig bemüht hat, Verbesserungen und Verschönerungen vorzunehmen. Am 15. Juli 1932 erlitt der Woog durch ein mächtiges Hochwasser große Schäden. 1936 wurde er gründlich entschlammt, was nötig war. Im selben Jahr begeisterte die Darmstädter das große rauschende Sommerfest, das unter dem Motto „Vom Woog zur Donau“ stand.
Ein besonderer Höhepunkt war am 3. und 4. Juli 1937 zu verzeichnen, und zwar der Schwimmländerkampf Frankreich/Deutschland, der auch als eine Auszeichnung für den Darmstädter Schwimmclub betrachtet werden kann, der vorbildliche Wettkämpfer mit hohen Leistungen aus seinen Reihen hervorbrachte. Der Club nahm seinerzeit eine führende Stelle im Deutschen Schwimmsport ein. Auch 1938 verliefen die deutschen Schwimm-Meisterschaften im Woog glanzvoll. Es war dasselbe Jahr, in dem das Luftschiff „Graf Zeppelin“ der Stadt einen Besuch abstattete.
Beim schweren Angriff auf Darmstadt 1944 versuchte die Feuerwehr mittels eines endlosen Schlauches, den sie vom Woog zum Olbrichweg angelegt hatte, mit Woogswasser im Hause Lucasweg 23, wo 800 Zentner Koks für den Winter eingelagert und in Brand geraten waren, zu löschen – leider vergeblich. Nach dem letzten Krieg mußten umfangreiche Wiederherstellungsarbeiten am Woog vorgenommen und vor allem die Bomben, die in den Woog gefallen waren, beseitigt werden. Im Jahre 1947 wurde der Woog wieder eröffnet.
Aber es soll auch daran erinnert werden, daß der Woog im Winter – manchmal einige Wochen lang – den Schlittschuhläufern freigegeben war. Da unsere Winter nicht mehr so kalt sind, kann man heute nur noch selten auf dem Eis des Woogs herumtollen. Auf dem Woog bewegten sich nicht nur die Kinder, sondern auch die Älteren suchten dort Anschluß an den Freund oder die Freundin.

„Die Weiße" am Woog, 1902

Das Wort „Freund" war übrigens damals noch nicht in Gebrauch und sogar etwas anrüchig. Ältere Damen und Herren bewegten sich übrigens auf dem mehr oder minder glatten Eis beim Schlittschuhlaufen oft sehr graziös. Am Rande der Eisfläche sah man das männliche Geschlecht – jung und alt – wie es ganz behutsam, oft mit einem verliebten Augenaufschlag, den Damen die Schlittschuhe anzog, um dann gemeinsam mit ihnen Runde um Runde zu drehen.

Einen ganz besonderen Reiz hatte das Nachtlaufen. Wir Jungen bangten vorher schon einige Tage, ob die Eltern es erlauben würden. Wenn es erlaubt wurde, eilten wir meist im Laufschritt zum Woog. Dort herrschte bewegtes Treiben, schön und bunt anzusehen. Der ganze Woog war hell beleuchtet. In der Mitte stand die damals berühmte Kapelle Weber auf Holzbohlen. Der Kapellmeister war ein temperamentvoller Herr, voll guter Laune, schlagfertig und witzig. Damit die Musiker nicht zu frieren brauchten, waren rings um die Kapelle hohe Gitterbehälter aufgestellt, in denen Koks brannte. Und wenn Weber einen Walzer spielte, schwebte jung und alt nach den Klängen der Musik Arm in Arm über den Woog. Es war ein herrliches Bild des Frohsinns und der gehobenen Stimmung. Wenn dann der Spaß zu Ende war, gingen die Pärchen, sich an der Hand haltend, nach Hause.

Sie hatten schön gerötete Backen und blanke Augen. Von was wohl? Ich weiß es nicht, ich war ja auch dabei.
An Tagen ohne Nachtlaufen gab der Woogaufseher Arnold um fünf Uhr abends mit einer großen Schelle das Zeichen zum Schluß. Er ging dann gravitätisch und langsamen Schrittes, begleitet von zwei Doggen, über das Eis, das ganz schnell geräumt war. Der Woog lag wieder in tiefer Stille und träumte der Nacht entgegen.
Aber auch die Darmstädter Haushalte und vor allem die Brauereien profitierten vom Woogseis. Es gab ja noch keine Kühlschränke. So wurde denn besonders auf der Westseite des Woogs das Eis aufgehackt, und zwar wurde es mit langen Stangen, an deren einem Ende Eisenhaken befestigt waren, an Land gezogen und auf Wagen, die von prachtvollen Pferden gezogen wurden, verladen. Dann kam das Eis in die mächtigen, tief unter der Erde liegenden Keller der Brauereien. Von dort gelangte es auch in die Eisschränke der Darmstädter Haushalte. Diese Eisschränke hatten ein mit Zinkblech ausgeschlagenes Gefach, in das die Eisbrocken geschüttet wurden. Diese Prozedur mußte recht oft wiederholt werden, denn das Eis schmolz rasch.
1950 wurde die Jugendherberge am Woog gebaut, 1955 das schöne Klubheim, im gleichen Jahr die Insel mit der Liegewiese erweitert. 1961 erfolgte wieder eine Entschlammung. Damals wurden erneut Fische eingesetzt. Das Jahr 1965 war durch mächtige Regenfälle gekennzeichnet. In den nächsten Jahren bis 1973 mußten daher umfangreiche Reparaturarbeiten vorgenommen werden.

Karl-Wilhelm Leyerzapf

Ein Darmstädter Original

Adam Berlieb hieß dieses Original. Im Sommer Badewärter im Großen Woog, im Winter Straßenkehrer. Ein fleißiger Mann mit einer rauhen Schale, aber einem goldenen Herzen, ehrlich bis auf die Knochen und hilfsbereit zu jederzeit und zu jedermann.

Die „Weißen Häus'chen" (damals das Herrenbad, wo heute das ehemalige Clubheim des DSW 12 steht) waren ohne ihn, wenn es am 15. Mai (manchmal auch früher) mit der Badesaison losging, nicht zu denken. Er beherrschte sie, er liebte sie und ihre Stammgäste. Es war Liebe auf Gegenseitigkeit, aber der Woogs-Adam, wie er allgemein genannt wurde, war auch eine Respektperson für jung und alt, die nicht zu übersehen war.
Meistens hatte er hinter jedem Ohr eine geschenkte Zigarette stecken. Was verdiente damals ein solcher Mann? Ich weiß es nicht, aber was kann es schon groß gewesen sein! Er war ein armer Mann mit einer großen Familie, aber er war kein Revolutionär. Seine Kinder mußten etwas lernen und sie wurden auch etwas. Er war in jeder Hinsicht eine Persönlichkeit, die geachtet wurde. Wer glaubte, ihm gegenüber den Hochnäsigen spielen zu können, der irrte, denn der hatte bei ihm verspielt. Mit Recht!
Wenn er einen Dieb erwischt hatte – und das kam des öfteren vor – dann wehe dem meist jugendlichen Sünder! Der Adam machte kurzen Prozeß und nahm ihn, bevor er ihn der Polizei übergab – je nachdem – zuerst einmal mit „in sei Kabinettsche", wie er den Raum der Badewärter nannte, und verpaßte ihm mit seinem Rohrstock eine Tracht Prügel – Gesetz hin, Gesetz her –, daß ihm Hören und Sehen verging. Diese Art von „Justiz" war wirkungsvoll, aber das darf man heute ja nicht mehr sagen.
Einer der besten Wasserballspieler der 30er Jahre war der Sohn eines der größten Metzgermeister in Darmstadt. Es war für ihn Ehrensache, zu Beginn der Woogsaison dem Adam ein großes Paket Wurst mitzubringen. Wenn dies spätestens am dritten Tag noch nicht übergeben war, dann wurde der Spender schon von weitem vom Adam mit dem Ruf begrüßt: „Ottsch, wo bleibt die Worscht?" Nun, die Worscht kam, denn sonst hätte der Ottsch nichts zu lachen gehabt.
Schwamm ein alter Herr an die Badeanstalt heran und rief: „Berlieb, drehen Sie bitte die Dusche auf", was dann geschah, und der Herr „Danke" rief, antwortete der Adam halblaut, so daß es trotzdem jeder – und besonders der Herr im Wasser hören konnte: „Zwanzisch Pfennisch wärn mir lieber!"
Ein ständiger Badegast hatte eines Tages seine Brieftasche in der Kabine, die Adam Berlieb gleich nach dem Verlassen reinigte, liegengelassen. Adam lief hinter ihm her und rief: „Herr Inspekter, Sie hawwe ihr Brieftasch vergesse." Adam bekam RM 2,–

Trinkgeld. Daraufhin sagte er: „Sie könne jeden Tag ihr Brieftasch lieje lasse."
Das Ende der Sommersaison feierten die Aktiven des damaligen Darmstädter Schwimmclubs „Jung-Deutschland" (des heutigen DSW 12) mit einem kräftigen Umtrunk. Es war für sie Ehrensache, dazu den Adam und seine Kollegen einzuladen, die immer mit lustigen Einlagen für entsprechende Stimmung sorgten.
Groß war stets die Freude, wenn es im Winter irgendwo in Darmstadts Straßen zu einer Begegnung mit dem Woogsfreund kam, der dann für die Straßenreinigung eifrig tätig war. Und noch größer die Freude, wenn die Schwimmer einmal in ein Altstadtlokal kamen und dort den Adam trafen. Wenn die jungen Leute damals auch viel weniger Geld hatten als die heutigen, so war es für jeden Ehrensache, dem Adam ein Bier zu spendieren.
Es gibt sicher noch viele Geschichten über diesen in seiner Art einmaligen Mann, der für Darmstadt ein Begriff war.
Solche Originale, von denen es in Darmstadt ja einige berühmte gab, sollten wir Alten nicht vergessen. Der „Woogs-Adam" gehörte zu ihnen, dem die alten „Woogianer" ein ehrendes Andenken bewahren.

Elisabeth Löbel

„ . . . wenn Ihr erst zwanzig seid!"

Während meines ersten oder zweiten Schuljahres sind meine Eltern in die untere Heinheimer Straße gezogen, und da will ich mit meinen Erinnerungen beginnen. Dieser Teil der Straße zwischen Liebfrauen- und Ringstraße, wie der Rhönring damals hieß, war ein idealer Spielplatz, der noch erweitert wurde durch die wildbewachsene Grünfläche vor dem Odenwaldbahndamm, dessen Betreten verboten war, aber gewinkt wurde jedem Zug, der vorüber fuhr. Die Heinheimer Straße war verhältnismäßig breit und hatte auf jeder Seite Vorgärten mit

Zäunen auf kleinen Mäuerchen. Jedenfalls konnten wir ungestört Schlagball und Räuber Huß spielen. Autos gab es ja noch kaum, und die paar Pferdefuhrwerke konnten uns nicht gefährlich werden, man hat sie ja kommen sehen und konnte ausweichen.

Es war ein reichhaltiges Sortiment von Kindern, die in diesem Teil der Straße wohnten. Zum Spielen durften wir aber erst gehen, wenn die Schularbeiten und sonstigen kleinen Pflichten erledigt waren. Vor allen Dingen hieß es „Schulkleider aus" vor dem wilden Tun. Im allgemeinen hatte man ein Sonntagskleid für den Sommer und eins für den Winter, die rutschten dann eines Tages zu Schul- und Spielkleidern herab. Soviel Auswahl wie heute üblich gab es bei uns nicht. Wo wären die Mütter auch hingekommen mit der vielen Arbeit, denn sie mußten ja alles mühevoll mit der Hand in der Waschbütt behandeln. So war es für die Mädchen selbstverständlich, daß wir eine Schürze tragen mußten, denn „e Scherz is schneller gewesche wie e Klaad".

Es muß auch in den ersten Schuljahren gewesen sein, daß mein Vater sagte: „Komm, mir gehn emol in die Mühlstraß gucke, do werd heit de Schornstaa vom Merck gesprengt", und wir haben uns das angesehen. Es war wohl der letzte Rest der Merckschen Fabrik, die sich ursprünglich dort befand. Danach entstand hier der Meßplatz. Vorher wurde die Messe auf dem Markt- und dem Schillerplatz abgehalten.

Die Spaziergänge führten seinerzeit je nach Wetter und Lust der Erwachsenen nach dem Heiligkreuz oder zum Oberwaldhaus, zum Hugenschütz oder zu Schuls Felsenkeller, oder auch nach Arheilgen ins Mühlchen oder auf die Hammelstrift. Manchmal wanderten wir auch nach Eberstadt oder nach Traisa. Das waren aber meist Vereinsausflüge, bei denen ein Klavierspieler mitgenommen wurde, der in dem besuchten Lokal für Tanz und Unterhaltung sorgte. Am Himmelfahrtstag war es selbstverständlich, daß, wenn es nicht regnete, um sechs Uhr Abmarsch war zum „Einsiedel". Die Mütter hatten große Beutel mit „Fudderaasch" gepackt und wir Kinder die Botanisierbüchse umgehängt, ebenfalls gut gefüllt. Der kleine Rucksack war noch nicht populär. Der Ausflug war jedenfalls immer herrlich, es wurden Maikraut und Maiblumen gepflückt, der Wildpark war und ist noch immer ein Paradies. Auf der großen Wiese hinter dem Restaurant war allerhand los. Es wurde gelagert, die Kinder konnten sich austoben, und manchmal hatte jemand eine Ziehharmonika dabei und hat aufgespielt. Wenn man Glück hatte, hat man auch

Der Lumpensammler Peter Muntermann mit seinem „Kätche“

den Muntermann und sein Kätchen zu sehen gekriegt, zwei richtige Waldgewächse und Originale.
Mein Schulweg – ich ging in die Mädchenmittelschule in der Viktoriastraße, die heutige Goetheschule – führte durch verschiedene enge Gassen des Martinsviertels, über den Schloßgartenplatz, durch den Herrngarten. Am Schloßgartenplatz wurde gerade die St. Elisabethenkirche gebaut, da gab es immer etwas Interessantes zu sehen. Im Herrngarten gings am Herrngartenberg vorbei, der nicht so kahl war wie heute, sondern mit Sträuchern und Bäumen bewachsen. Wir wären nicht für Geld und gute Worte da hinaufgegangen, denn da herrschte der „Zopfabschneider“. Es hatte ihn zwar noch niemand gesehen, aber wir kleinen Mädchen hatten trotzdem Angst. Die großen Buben wollten einen Zettel an einem Baum oben gesehen haben, auf dem stand: „Weiche, weiche, in finf Minuten biste eine Leiche“! Na, wer wollte das schon. Durch diese gefährliche Zone sind wir immer mit einem gewissen Wuppdich durchgelaufen.
In die Schule gingen wir eigentlich gern und waren auch stolz auf sie. Wenn auch die sanitären Verhältnisse noch äußerst primitiv waren – jede Klasse hatte ihr „Kastenklo“ mit „Luftspülung“ – so hatte sie immerhin schon eine Turnhalle, wenn auch verschiedentlich die Meinung vertreten war: „Was brauche

die Mädcher e Tornhall!“ In den Schulen ging es allerdings streng zu, aber rückschauend muß ich sagen, daß es uns nicht geschadet hat. Wir freuten uns auf die Ferien, auf eis- und hitzfrei, auf den Jahresausflug und auf den Sedanstag (2. September), an dem es nach Liedersingen und Gedichteaufsagen für jeden eine Brezel gab. Während der ersten sechs Jahre haben wir keine großen Ausflüge gemacht. Wir hatten eine alte Lehrerin, die nicht mehr weit laufen konnte (aber an der Kandare hat sie uns gehabt!): Sie machte dafür mit uns öfter kleine Spaziergänge durch die Stadt mit Denkmalsbesichtigungen und hat uns dabei auf ihre Art Heimatkunde beigebracht. Auf die Mathildenhöhe hat sie uns ebenfalls geführt. Der Hochzeitsturm und die Ausstellungshallen standen noch nicht. An der Stelle, auf der das Ausstellungsgebäude heute steht, war eine flache Anhöhe, zu der Stufen hinaufführten. Droben gab es Bänke und einen herrlichen Rundblick. Die Lehrerin erzählte uns, daß unter diesem Berg sich das Pumpwerk der Wasserwerke befinde und daß das Wasser aus dem Ried erst in diese Höhe gepumpt werden muß, um in den Häusern bis in die obersten Stockwerke zu gelangen. (Gut behalten, gelle?)

Außer den Ferien und dem Sedanstag hat unsere Schulgeneration noch zwei freie Schultage erwischt, als die Prinzen geboren wurden. Es war erst ein Getuschel zwischen den Lehrern, und als es dann anfing zu schießen, sagte man uns: „Nun zählt mal, wenn es 21 Schuß sind, dann ist ein Prinzeßchen geboren, und wenn es 101 Schuß sind, dann ist es ein Prinz. Es war beidemale ein Prinz und wir hatten schulfrei ohne Hausaufgaben.

Die Enthüllung von zwei Denkmälern im Herrngarten fiel auch in meine Schulzeit. Als das Goethe-Denkmal enthüllt wurde, hätten uns die Lehrerinnen am liebsten die Augen verbunden. Man hat sich indessen bald an den nackten „Genius“ gewöhnt und dann garnicht mehr hingeschaut. An der Enthüllung des Denkmals für unser Prinzeßchen haben alle Schulkinder teilgenommen, denn sie waren ja die Stifter. Der Großherzog hat sich in einer Rede dafür bedankt, und wir durften beim Vorbeigehen vor unserem Fürsten einen Knix oder Diener machen.

Auf dem Theater- und dem Paradeplatz, beide mit schönen Bäumen bestanden, fanden sonntags von 11 bis 12 Uhr Promenadenkonzerte statt, ausgeführt abwechselnd von den Kapellen der fünf Darmstädter Regimenter. Am beliebtesten waren die des Infanterieregiments 115 und des Artillerieregiments 61, unter ihren Musikmeistern Hauske und Weber. Es war dort

immer ein fröhliches Treiben und Flirten. Das beste auf dem Theaterplatz war aber das Theater selbst. Es wurde von allen Darmstädtern sehr geliebt. Ich habe es sehr, sehr oft besuchen können. Mein Vater war Handwerker im Theater, und wir bekamen ungefähr alle zwei Wochen eine Freikarte, für die ich jederzeit zu haben war. Das Vorrecht hielt uns aber nicht davon ab, auch noch Karten zu kaufen. Ich glaube fast, daß ich dem alten „Großen Haus" meine schönsten Erinnerungen zu verdanken habe. Viele berühmte Gäste habe ich bewundern können, besonders bei den jährlichen „Frühlingsfestspielen" und bei Sondervorstellungen. Eine besondere Erinnerung habe ich an die erste hiesige Aufführung des „Parsival" von Richard Wagner an Ostern 1915. Die Generalprobe war für die Angehörigen des Personals freigegeben. Ob Solist oder Arbeiter, jeder bekam eine Karte. Das Haus war vollbesetzt, und stundenlang konnte man nun miterleben, wie es in einer Generalprobe zugeht. Das Besondere aber bestand darin, daß der Großherzog selbst die Bühnenbilder entworfen und auch bei der Regie mitgewirkt hat.
Der Markt spielte früher im Leben unserer Stadt eine weit wichtigere Rolle als heute. Die Odenwälder Bauern brachten meist Butter, Eier und Käse, während das meiste Gemüse und die Zwiebeln von den Griesheimer Marktfrauen feilgeboten wurden. Aber die „Griesemer Zwiwwelfraa" stand nicht nur auf dem Markt. An marktfreien Tagen besuchte sie ihre Kundschaft im Haus. Das ging treppauf und -ab, immer mit den schweren Körben auf dem Kopf und an den Armen. Die Körbe waren groß, die Preise klein – daß sich das überhaupt gelohnt hat? Bei dieser Gelegenheit muß ich auch noch erwähnen, daß uns bis zum Ersten Weltkrieg die Milch und die Brötchen ebenfalls ins Haus gebracht wurden, das Brötchen zu drei Pfennig und die Milch zu zehn oder zwölf Pfennig der halbe Liter. Das schönste vom Markt war für mich als kleines Mädchen der Marktbrunnen. Nachdem ich das Märchen von der Goldmarie und der Pechmarie gehört hatte, stand für mich fest, daß dies der Brunnen war, und ich habe ihn immer mit Scheu und Ehrfurcht betrachtet.
In der Altstadt gab es winklige Gassen und Gäßchen, auch einige stattliche Häuser, daneben kleine mit Lädchen. Auch zwei Brauereien waren in der Altstadt. In den „Anker" hat mich mein Vater manchmal mitgenommen. Ich kann mich noch erinnern, daß die Männer streiken wollten, als das Bier um einen Pfennig teurer wurde und der „Schobbe" auf einmal sage und

Die Leibdragoner holen ihre Standarte im Schloß, August 1914

schreibe dreizehn Pfennig kosten sollte. Unfaßbar! Aber anscheinend hat es doch zu gut geschmeckt und sie sind nicht auf die Barrikaden gegangen.

Ich habe in den Jahren von 1900 bis 1921, also während der Zeit, von der ich hier erzähle, erlebt, wie sich die Stadt vergrößert hat. Viele Bauten habe ich entstehen sehen: das Schwimmbad, die Pauluskirche, das Museum, den Hauptbahnhof, mehrere Schulen, die ersten Kinos. 1910 wurde ich aus der Schule entlassen und in der Martinskirche konfirmiert. Lehre und Berufsjahre verliefen zunächst noch unbeschwert. Man lernte auf Ausflügen die nähere und die weitere Umgebung kennen, konnte auch Vergnügungen mitmachen, wenn – sich Vater oder Mutter herbeiließen mitzukommen. Allein ausgehen? Wo gab es denn sowas. Wenn protestiert wurde, dann hieß es: „Ihr seid ja noch so jung, was wollt Ihr erst anfangen, wenn Ihr zwanzig seid.“ Aber als wir zwanzig waren, währte der Krieg schon zwei Jahre und alle öffentlichen Vergnügungen waren verboten.

1914 – die Begeisterung schlug auch in Darmstadt hohe Wellen. Die ausrückenden Soldaten wurden mit Blumen geschmückt und bejubelt. Kurz danach besuchte man allerdings schon die Lazarette, strickte Strümpfe und Socken für die Soldaten, bis es

nichts mehr zu stricken gab. Auch die Lebensmittel wurden knapp. Unsere Generation hat das Kriegsende erlebt, die Revolution, die Abdankung der Fürstenhäuser, vorübergehende französische Besatzung in Darmstadt, einige Jahre später die Inflation – es war eine turbulente Zeit.
1921 bin ich als jungverheiratete Frau mit meinem Mann in dessen norddeutsche Heimat gezogen. Fast alle Jahre danach haben wir meine Vaterstadt Darmstadt besucht, auch kurz nach dem großen Angriff, um meine Mutter zu uns zu holen. Vom Bahnhof aus fuhr ein klappriger Bus bis zum Luisenplatz und nicht weiter. Da standen wir nun mitten in den Trümmern und haben geweint um all das, was Darmstadt und seinen Einwohnern geschehen war. Nach 42 Jahren sind mein Mann und ich wieder nach Darmstadt gezogen.
So, und nun ist mir zu Mute wie in der Schule, wenn ich mein Aufsatzheft abgegeben hatte.

Alexandra Merck

Der Mercksche „Windel-Verein"

Vor dem Ersten Weltkrieg herrschte zwischen Mitarbeitern und Chefs der Firma Merck ein recht persönliches Verhältnis. Es mag wohl auch damit zusammenhängen, daß das Werk in seinem damaligen Umfang noch überschaubar war und daß viele Angestellte und Arbeiter wie auch die Besitzerfamilien bereits über Generationen hinweg zusammen gearbeitet hatten. „Ei, ich hab' Ihne Ihrn Vadder noch gut gekennt . . .". Solches konnte man oft hören.
Die vier Ehefrauen Merck der Generation meines Schwiegervaters riefen eines Tages unter sich einen Plan ins Leben, der deutlich die bereits geschilderte Situation und Gesinnung zur Ursache hatte. Von wem eigentlich die Idee ausgegangen ist, weiß ich nicht: Abwechselnd übernahmen es je zwei Merck-Damen, nach den jüngsten Wöchnerinnen der Belegschaft zu sehen. Dem Bedarf entsprechend, war dabei etliches zu transportieren, wozu

verfügbare Pferde und Wagen die rechte Hilfe waren. Ach, was gab es da alles an jeder Station auszupacken: Jede junge Mutter bekam ein Windelpaket – Mullwindeln, Molton und was dazu gehörte, was der Einrichtung bald den Namen „Windelverein" einbrachte. Dazu gehörten auch Jäckchen und Hemdchen, die fein verpackt wurden und zumeist aus der dafür von Tante Klara Merck extra eingerichteten Nähstube kamen. Im Stadtgebiet wurde von den Frauen Merck jeweils 14 Tage lang das Essen für die Familie der Wöchnerin gekocht, eine Früherscheinung unseres heutigen „Essen auf Rädern". Viele Arbeiter der Firma wohnten im Odenwald. Auch zu diesen Wöchnerinnen wurden Gaben gebracht, aber statt fertigem Essen erhielten diese Familien Lebensmittel, aus denen dann die Nachbarn das Essen zubereiteten. Wenn es notwendig war, wurde auch die Gemeindeschwester zur Wöchnerin um Hilfe gerufen.
Ich kann mir gut vorstellen, daß dieser „Windelverein" das Bewußtsein der Zusammengehörigkeit gestärkt hat. Die Revolution machte ihm ein Ende. Ob man diese Hilfe für überflüssig hielt oder mit sich selbst genug zu tun hatte, mag dahingestellt sein. Aber in der Notzeit der Inflation kam ich selbst noch einmal in den Genuß der Windelaktion, indem ich den Rest der Sachen erhielt. 1924 auf dem Höhepunkt der Inflation, als die Mark total entwertet war, hatte ich geheiratet. . .

Alexandra Merck

Die Weißen Dragoner

Zahlreiche Familienfreundschaften ergaben sich allein aus der Tatsache, daß mein Vater hier 28 Jahre lang bei den Weißen Dragonern gestanden hatte. Was ließe sich davon alles erzählen! Hier nur dieses: Wie mir berichtet wurde, kam der Zar aus Rußland zum ersten Mal mit seiner jungen Frau Alix am 10. Oktober 1896 nach Darmstadt. Während mein Vater mit einer Abteilung Dragoner den Einzug des hohen Paares eskortierte, erblickte ich daheim das Licht der Welt. So also kam ich in der Begeisterung dieser Tage über den Besuch der Zarin zu meinem Vornamen.

Zarewitsch Alexej mit seinem Leibkosaken

1910 hatte Vater die Bewachung des Zaren in Schloß Wolfsgarten zu leiten, war er doch damals der älteste Offizier des Regiments. Da wir Kinder unseren Vater häufig im Dienst besuchen durften, konnten wir ihn auch bei der Kontrolle der Patrouillen begleiten, die ständig das Schloß umkreisten. Noch heute sehe ich den Zarewitsch vor mir, wie er, gestützt von seinem Leibwächter sich im Park des Schlosses im Radfahren übte. Eine Sandburg, die er auf einer Parkschneise gebaut hatte, ritt ein Dragoner nieder und mußte sie wieder aufbauen. Ob der Zarewitsch dann noch an ihr Freude hatte? Ich glaube es nicht!
Im Theater sahen wir wiederholt die ganze Zarenfamilie mit den hiesigen Verwandten in der großen Hofloge. Die Zarin, die schüchterner Natur war, freute sich immer, wenn sie in Darmstadt bei Geselligkeit des Hofes alte Bekannte wiedersah. Diese verwickelte sie dann in lange Gespräche, um anderen unliebsamen Begegnungen ausweichen zu können. So geschah das auch meiner Mutter, der ich dadurch viele Hofgeschichten verdanke.

Alexandra Merck

Erinnerungen an den Alice-Frauenverein

Im Jahr 1867 hatte die Mutter unseres letzten Großherzogs, Großherzogin Alice – Tochter der Queen Victoria von Großbritannien und Irland und des Prinzen Albert – den Alice-Frauenverein gegründet. Mit ihm wurde die Erinnerung an die so aktive und fortschrittliche Landesmutter noch zu einer Zeit wachgehalten, als in unserem Jahrhundert Großherzogin Eleonore in ihrem Sinne weiter wirkte. Von Mitgliedern des Alice-Frauenvereins, der zunächst für die Krankenpflege gegründet worden war, dem aber viele Zweigvereine folgten, wurde z. B. erzählt, daß sich die Großherzogin Alice im Kriege 1870/71 selbst Soldatenkinder an die Brust legte, da es damals noch nicht die heutige Babynahrung gab und die Mutter bei Milchknappheit auf Ammen angewiesen war. Großherzogin Alice soll auch eingeführt haben, daß die Babys nicht mehr so fest wie früher gewickelt wurden, damit sie sich besser bewegen konnten.

Zur Zeit der Regentschaft von Großherzog Ernst Ludwig gab

es in Darmstadt kaum einen Wohltätigkeitsverein, in dem seine Gemahlin, die Großherzogin Eleonore, nicht tätig war. Im Ersten Weltkrieg kümmerte sie sich insbesondere um die Lazarette. Auch das Rote Kreuz half, wo es konnte. So wurde z. B. die Bevölkerung der Altstadt durch Suppen-Küchen ernährt. Im schlimmen Winter 1917/18 gaben eine Darmstädterin und ich in der Rundeturmschule jeden Morgen 1 700 Liter Suppe aus, die in Kesseln im Keller gekocht worden war. Für ein paar Pfennige holten Kinder und ältere Leute, die elend aussahen, eimerweise die Suppe bei uns ab.

Hallenschwimmbad als Werkhalle für die Zeugmeisterei eingerichtet, 1914

In der Inflationszeit, die die letzten Spargroschen, Renten und Pensionen auffraß, halfen Großherzogs im Rahmen des Alice-Frauenvereins durch Unterstützung des Roten Kreuzes mit einer neuen Initiative, die mittellos gewordenen Damen zugute kommen sollte. Sie erhielten die Möglichkeit, sich selbst zum Lebensunterhalt etwas zu verdienen, ohne als Wohltätigkeitsempfänger zu gelten. So wurden zum Beispiel Socken, Brustwärmer, Kopfwärmer und Bauchbinden aus Restbeständen des Roten Kreuzes, die nicht mehr gebraucht wurden, von den älteren Darmstädterinnen aufgetrennt und wieder zu Schals, Jakken, Pullovern und Strümpfen verstrickt. Die Firma Merck schickte Arbeitskittel zum Ausbessern. Da es an Stopf-, Reih- und Maschinengarn fehlte, wurden von den Damen Leinentücher aufgezogen und Garn daraus gewonnen. Die Tätigen wurden nach Stundenlohn bezahlt, andere Darmstädterinnen waren für die Ausgabe der Arbeit verantwortlich. Viele hatten

Alice-Denkmal, Verkaufspavillon um 1911

auch noch Vorräte an Spitzen, die sie gerne zur Verfügung stellten. Gefertigt wurden auch feinste Decken, mit Lochstickerei, Platt- oder Kreuzstich oder mit Filet-Muster versehen. Der Großherzog kümmerte sich persönlich um diese Handarbeiten und entdeckte unter dem Kreis der Tätigen ausgesprochene Begabungen. Häufig zeichnete er selbst Muster und Ornamente. Er und Großherzogin Eleonore besuchten oft das schöne Handarbeitsgeschäft von Frau Weygandt in der Wilhelminenstraße. Temperamentvoll wie der Großherzog war, riß er dort alle Schubladen auf und suchte nach Passendem für den Alice-Frauenverein. Er brachte auch seine Entwürfe mit und beriet

zusammen mit Frau Weygandt, welches Material und welche Farben für die Handarbeit passen würden. Einige Male kam auch die Zarin Alix in dieses Geschäft, die sich Handarbeiten nach Rußland schicken ließ, ebenso ihre Schwester Elisabeth, Großfürstin Sergius, die Nonnentracht und ein wunderschönes goldenes Cruzifix an einer Kette um den Hals trug, das die Tochter von Frau Weygandt, die spätere Frau Würth, sehr bewunderte.
Die Handarbeiten wurden auf Basaren im Palais und im Heylshof, meistens vor Weihnachten, oder auf Bestellung verkauft. Reiche Damen, auch aus den großen Städten der Umgebung, waren Abnehmer. Sogar im Ausland wurde diese Tätigkeit innerhalb des Alice-Frauenvereins bekannt. Ich selbst erinnere mich noch, daß ein amerikanischer Gesangverein Wollreste und Geld schickte, daß kistenweise Bandreste von einer amerikanischen Ripsseidenbandfabrik angeliefert wurden, und zwar veranlaßt durch Herrn Stirn, Eigentümer dieser Fabrik, der in Ernsthofen ein Schlößchen hatte.
Die Basare im Alice-Hospital, die alljährlich zugunsten der Rotkreuzkrankenhäuser Hospital und Eleonorenheim stattfinden, haben die Tradition dieses Handarbeitskreises fortgeführt.

Henriette Münk

Die Entwicklung der Paul-Gerhardt-Gemeinde in der Waldkolonie

Aufgeschrieben von Toni Schroen-Biesterfeld

Als unsere Paul-Gerhardt-Gemeinde in der Waldkolonie gegründet wurde – es war im Jahr 1926 – platzten die Stubenlädchen aus ihren Nähten, da das Angebot immer größer wurde, wie z. B. an Kolonial-, Kurzwaren und Textilien im Streicherschen Laden. Herr Hanstein aus dem Odenwald wurde mit seiner Metzgerei hier ansässig. Brot kam nicht mehr mit dem Wägelchen aus der Stadt, sondern wurde an der Ecke beim Edinger am damaligen Damaschkeplatz verkauft, ehe die Bäckerei Jäger beim Brünnchen eröffnet wurde. Der Gastwirt Waldmann, Vater des jetzigen Inhabers, war aus der Schwanenstraße in der Stadt zugezogen und gründete seine Gaststätte. Milch wurde noch vom „Kättche“ herumgefahren.

Aber ein Arzt praktizierte schon, der Doktor Riemenschneider sen., und zwar im heutigen kleinen Lädchen von Blitz in der Rabenaustraße, bis er später im Dornheimer Weg eine größere Praxis bekam. Übrigens wurde ich Dr. Riemenschneiders erste Patientin, nachdem mir ein Stein an den Kopf geworfen worden war. Also, böse Buben, hat es auch schon damals in der Waldkolonie gegeben.

In der Mitte der 20er Jahre war die französische Besatzungszeit mit Marokkanern als Wachtposten, die hellblau berockt und rot behost waren, für die Kolonie vorüber. Die Stadt konnte zufrieden sein, daß die fatale Grenze nicht, wie ursprünglich geplant, längs der Neckarstraße verlief, sondern hinter die Bahnlinie zurückgenommen worden war. Ende der 20er Jahre eröffnete Herr van der Does sein Geschäft mit Stoffen, Wäsche, Wolle und Kurzwaren. Die Waldkolonie war trotz der schweren Zeiten auf gut 2000 Einwohner, zumeist Eisenbahner, angewachsen, aber ihr fehlte noch der richtige Mittelpunkt. Kirchlich gehörte sie zur Johannisgemeinde. Da der Weg zur Kirche so weit war, wurde hier im Walde gelegentlich Gottesdienst gehalten, zum ersten Mal am 4. Mai 1924, zum letzten Mal am 20. November 1925.

Der Wunsch nach einem eigenen Gotteshaus in der Waldkolonie wurde am 1. November 1925 mit der Grundsteinlegung zum „Paul-Gerhardt-Haus“ in die Tat umgesetzt. Es konnte am 6. Juni 1926, dem 250. Todestag des großen Liederdichters, seines Namenpatrons, eingeweiht werden. Schon im Rohbau begann das Gemeindeleben. Während der Kirchsaal noch nicht fertig war, hatten sich schon die ersten Konfirmanden angemeldet, die nur über eine Notstiege ihren Saal erreichen konnten. Neben der Schwesternwohnung befand sich die Glockenstube, wo im Dachreiter der Strang zum Glöckchen hing. Im ersten Stock entstand später die Pfarrwohnung. Der Küster wohnte darüber.

Der erste Pfarrassistent, damals noch unbeweibt, wohnte bei Bott in der Nähe. Er kam aus der Arbeiterjugend mit vielen Idealen. Die Gemeinde war ihm gegenüber sehr aufgeschlossen und liebte ihn. Es entstand eine rege Jugendarbeit. Aus dem Kinderchor, geleitet von Lehrer Schnellbächer, wuchs der Jugend- und Erwachsenen-Kirchenchor heran. An jedem ersten

Weihnachtsfeiertag wurde zur Freude der Sänger und Hörer von 6 Uhr morgens an in der ganzen Kolonie ein Kurrendesingen veranstaltet. Auch die Tradition der Waldgottesdienste wurde wieder aufgenommen und setzte sich, namentlich am Himmelfahrtstag, noch etliche Jahre fort. Die Konfirmanden schleppten dazu die Bänke in den Wald. Auch im Kirchsaal mußten sie helfen, z. B. abstauben, denn der mächtige Kanonenofen, der gleich rechts von der Haupteingangstür stand, verschmutzte schon damals die Umwelt.

Der erste Organist war Herr Seibert, der später auch den Küsterdienst versah. In seiner Wohnung in der Michaelisstraße fanden die Chorstunden statt, deren Leitung später Walter Scharf übernahm.

Ein Brauch der Konfirmanden wird auch heute noch gepflegt: das Gabensammeln zum Erntedankfest. Gärten mit Obst, Gemüse und Blumen gabs und gibts genug in der Waldkolonie. Wie fröhlich sah und sieht es heute noch aus, wenn auf dem Wandsims rund um den Altar in dichter Kette rotbackige Äpfel liegen.

Bei Gemeindeabenden erfreute auch schon früher die Jugend mit Aufführungen auf der seitlichen Bühne. Die jetzige Bühne, damals Altarnische, war bei solchen Gelegenheiten mit einem schwarzen Vorhang zugehängt worden. Kaffee für die Gäste wurde in der damaligen Waschküche gekockt. Unsere heutige Küche war Sakristei.

1929 wurde die Lessingschule gebaut, die zunächst den Kindergarten mitbeherbergte, der erst 1950/51 sein eigenes Haus bekam.

Anni Naumann

Als Kind im Alten Palais

Nun ist der riesige Betonbau zwischen Luisenstraße und Wilhelminenstraße fertig und seiner Bestimmung übergeben. Bald wird man vergessen haben, daß hier auf lichter Grasfläche während der Heinerfeste das große Bayernzelt gestanden hat. Noch früher aber stand hier, den Luisenplatz nach Süden abschließend, das großherzogliche Alte Palais.

Rückfront Altes Palais mit Tillche und Annche

Ich habe als Tochter von Friedrich Büttel zwanzig Jahre darin gewohnt und möchte erzählen, was mir davon in Erinnerung geblieben ist.
Das Hauptgebäude mit seiner Front zum Luisenplatz erstreckte sich von der Luisenstraße bis zur Wilhelminenstraße. 1803 war es aus einer Reiterkaserne durch Michael Mittermeyer zu einem Wohnsitz für den Erbprinzen, den späteren Großherzog Ludwig II., umgebaut worden. Ein zweiter Umbau in den Jahren 1841 und 1842 nach den Plänen von Georg Moller gab dem Palais die endgültige Gestalt. Im ersten Stock der Luisenplatzfront war in der Mitte ein großer Balkon. Darunter befand sich zwischen zwei kleineren Toren das große Portal mit zwei Holzflügeln, die schmiedeeiserne Beschläge hatten. Hier fuhren die Kutschen hinein in eine Säulenhalle, die in den gepflasterten Hof führte. Diesen umschlossen hufeisenförmig zwei Seitenflügel längs der

Luisen- und der Wilhelminenstraße. An deren Ende befanden sich je ein Pavillon mit Torhallen, deren Flügel dem Publikum bis zum Ende des Ersten Weltkrieges tagsüber als Durchgang geöffnet waren. Eine niedrige Mauer mit hohem Eisengitter trennte bogenförmig den ersten vom zweiten Hof. Hier setzten sich die Seitenflügel in niedrigeren Stallgebäuden fort, in deren oberen Stockwerken Wohnungen für Hofbedienstete lagen. Der große Garten mit seinen herrlichen alten Bäumen erstreckte sich bis zur Elisabethenstraße und war von einer hohen Mauer umgeben. In den schon genannten Pavillons befanden sich bis 1920 die Kabinettsbibliothek und die vorgeschichtlichen Sammlungen des letzten Großherzogs.

Obwohl die großherzoglichen Herrschaften im Neuen Palais residierten, fanden im Alten Palais bis zum Ersten Weltkrieg öfters Hofbälle und große Empfänge statt. Die Gäste fuhren bis zur Mitte der Säulen-Halle und gelangten dann in ein Treppenhaus, dessen dreiläufige Treppe sie zum großen Ballsaal führte. Ein Teil der Malereien war von August Lucas ausgeführt worden.

Für mich hatten diese Treppe und der Ballsaal schon als Kind eine große Anziehungskraft. Ich bestaunte die in Nischen stehenden Statuen, die Gerechtigkeit, Friede und Kraft darstellten, und die gemalten Medaillons. Der Festsaal, dessen drei Fenster zum ersten Hof zeigten, war in Weiß und Gold gehalten und hatte eine Holzdecke, in deren Feldern plastische Rosetten angebracht waren.

Meine Taufe, die Oberhofprediger Ehrhardt vornahm, fand nach einem Hofball statt. Meine Mutter erzählte mir, daß man von den Tischblumen alle rosa Nelken hinaufgebracht hatte und sie um mein Bettchen drapiert wurden.

Wir wohnten im Seitengebäude nach der Luisenstraße, gegenüber dem Hotel zur Traube, und hatten eine Zimmerflucht in der oberen Gaubenreihe. Einen Stock höher, im Hauptbau, hatten wir noch ein weiteres Zimmer mit Zugang zum hinteren Dach. Hier hatte mein Vater mit Blumenkästen ein kleines Paradies geschaffen. Die Sommerabende, die wir dort verbrachten, sind mir unvergeßlich. Man hörte die Brunnen im Hof plätschern, die Schwalben flogen um uns herum und das Glockenspiel spielte sein Stundenlied.

In diesem Seitenbau befand sich im ersten Stock die Hofkanzlei, die von Exzellenz von Römheld geleitet wurde. Im selben Stock führten um das ganze Gebäude herum bis zur Wilhelminenstraße Galerien und Repräsentationsräume, die wundervoll ausgestattet waren. Eine zeitlang bewohnte der Dichter Fritz von Unruh mit seinen beiden schwarz-weißen Cockerspaniels die Räume nach der Wilhelminenstraße. Ich durfte manchmal seine Hunde im Hof spazieren führen und war sehr stolz, denn zu dieser Zeit waren solche Hunde selten. Im Erdgeschoß unseres Flügels, neben dem Eingang zu unserem Keller, war die große Kutscherstube. Während der Hoffeste hielten sich die Kutscher hier auf. In der übrigen Zeit war sie der Aufenthaltsraum für Hauswarte und Reinemachefrauen. Hier war auch der neueste Hofklatsch fällig. Wenn meine Mutter im Keller war, hielt sie dort immer ein Schwätzchen.

In diesen Keller flüchteten auch alle Hausgenossen bei dem Fliegeralarm im Ersten Weltkrieg. Unter ihnen war auch der Maler Franz Huth, dessen Werke im Sommer 1976 für einige Zeit im Schloßmuseum ausgestellt waren. Während des Fliegeralarms stellte er eine Kohlezeichnung von mir und meiner Mutter her, auf der ich mich ängstlich an meine Mutter anlehne und sie liebevoll auf mich herabblickt. Der Maler hatte uns diese kleine Kostbarkeit geschenkt. Leider haben wir sie mit all unsrer Habe durch einen Fliegerangriff im Zweiten Weltkrieg verloren.

Einen Höhepunkt jedes Jahres bildete die Einladung aller Kinder der Hofbediensteten zur Weihnachtsbescherung im Ballsaal. Ein riesiger Tannenbaum war von oben bis unten mit Spielsachen und Geschenken geschmückt, die von den beiden Prinzen Georg und Ludwig mit ihren Hofdamen an uns verteilt wurden. Wir saßen an einer hufeisenförmigen Tafel bei Kuchen und Schokolade; unsre Mütter standen hinter uns.

Im Erdgeschoß des Seitenflügels nach der Wilhelminenstraße war während des Ersten Weltkrieges das Rote Kreuz untergebracht. Fast täglich kam die Großherzogin Eleonore mit ihren Hofdamen zur Verteilung von Liebesgaben und zum Packen von Feldpostpaketen. Nach dem Krieg wurde das Palais vorübergehend besetzt. Nacheinander kamen Marokkaner, Afrikaner und zuletzt französische Soldaten. Dann wurden alle Möbel entfernt. Das Landesfinanzamt zog ein mit Büromöbeln und eifrig klappernden Schreibmaschinen. Mein Vater wurde, als er 1920 aus französischer Kriegsgefangenschaft zurückgekehrt war, als Beamter eingestellt und übernahm die Hauswartschaft.

Das rechte Tor neben dem großen Portal war nun der einzige Eingang und wurde von einem Portier bewacht. Die beiden Tore im Hof wurden geschlossen. Dafür wurden im Garten zwei Tore

Hofseite des Alten Palais, 1945

angebracht, die tagsüber dem Verkehr zwischen Luisen- und Wilhelminenstraße geöffnet waren. In das Erdgeschoß nach der Luisenstraße zu zog die Schutzpolizei ein. Oft, bei Parteiwirren, Umzügen und Demonstrationen, stand im Hof die berittene Polizei bereit, um die Ruhe wiederherzustellen, wenn es erforderlich war.
Noch einmal wurden der große Saal und die schöne Treppe herrlich geschmückt. Als Reichspräsident von Hindenburg Darmstadt im November 1925 besuchte, wurde er dort empfangen. Von den Musikräumen über dem Ballsaal aus haben wir alles miterleben können.
1932 zogen wir aus „unserem Palais“ in unser kleines Haus am Woog. So blieb es uns erspart, beim Fliegerangriff, der dieses schöne Gebäude zerstörte, sein Schicksal womöglich zu teilen. Bevor die noch stehengebliebenen, gefahrdrohenden Reste dem Erdboden gleichgemacht wurden, rettete in Eigeninitiative der Leiter der großherzoglichen Sammlungen, Ernst Hofmann, die drei großen Sandsteinwappen über den Fenstern des Ballsaals. Er ließ einige Wagen voll Sand anfahren und diesen unter den Fenstern aufschütten. Dann wurden die Wappen gelockert und hinuntergestoßen, wo sie unbeschädigt im weichen Sand lande-

Wappen am Alten Palais – heute am Jagdschloß Kranichstein

ten. Sie befinden sich jetzt am Eingang des Parkplatzes des Kranichsteiner Schlosses und an der Seite des Schloßflügels vor dem Eingang zum Innenhof.
Ein schrecklicher Krieg hat das Alte Palais, einen Zeugen der alten Zeit, zerstört. Die neue Zeit hat dem Luisenplatz ein neues Gesicht gegeben. Trotzdem! Habt Dank ihr alten Zeiten, daß ihr gewesen seid!

Margarete Nikulla

Ein unvergeßlicher Weihnachtsabend

Zwei Kinder saßen in aufgeregtem Gespräch auf den Treppenstufen unseres Wohnhauses in der Waldkolonie zusammen; eines davon war ich, das andere mein Spielkamerad Hans, der im gleichen Hause wie ich wohnte. Wir dachten darüber

nach, was uns wohl dieses Mal das Christkind bringen würde? Mutter hatte im Wohnzimmer den Christbaum geschmückt, es aber abgeschlossen, denn es waren noch viele Stunden bis zur Bescherung. Nachdem sie mit allen Vorbereitungen fertig war, teilte sie uns mit, daß sie zur Weihnachtsfeier in die Schule gehen wolle, wo der Lehrer mit seinen Schülern für die Gemeinde jedes Jahr ein stimmungsvolles Fest arrangiere. Er führe die Kinder, jedes mit einem bunten gedrehten Weihnachtslicht in der Hand, so erzählte uns Mutter, mit dem weißgekleideten Weihnachtsengel an der Spitze, in den Saal zum Weihnachtsbaum, der bis an die Decke reiche. Jedes Kind hätte ein Gedicht aufzusagen, dazwischen erklängen Weihnachtslieder.
Wir zwei Kleinkinder durften wegen Platzmangel nicht mit. Was hätten wir zwei kleinen Menschen darum gegeben, dabei sein zu dürfen!
Aber – Hans hatte eine Idee: „Du Gretel, ob wir wohl an Eurem großen Baum ein Licht anzünden könnten?" Ich sagte: „Hans, das darf ich nie und nimmer, außerdem hat Mutter die Stube abgeschlossen". „Oh", meinte da der Hans: „Ich habe gesehen, wo sie den Schlüssel hingelegt hat." Doch ich wollte nicht, sondern schickte ihn nach oben in seine Wohnung, doch dort seinen Baum anzuzünden. Betrübt sagte er, seine Mutter hätte den Schlüssel zur Schule mitgenommen. So ließ ich mich von Hans umstimmen. „Es darf aber nur ein einziges Licht sein, das wir anzünden", sagte ich zu Hans.

Bewundernd standen wir vor dem glitzernden Baum. Franz hatte eine Streichholzschachtel aufgetrieben und zündete die unterste Kerze an, die aber zu nahe bei der Gardine stand. Plötzlich wurde das Zimmer ganz hell, und ich entdeckte, daß kleine rosarote Flämmchen an der Gardine hochzüngelten. Schreck fuhr mir in die Glieder; ich lief aus der Wohnung die Treppe des Hauses hinunter und, so schnell ich laufen konnte, in den nahen Wald, der Junge hinter mir her. Obwohl wir sonst in der Dunkelheit immer Angst hatten, liefen wir tiefer in den Wald hinein. Es durfte uns doch niemand finden.

Das Laufen im tiefen Schnee fiel uns immer schwerer. Kinder denken doch gar nicht daran, daß man bei 23 Grad Kälte, ohne warme Kleider anzuhaben, erfrieren kann. Der Schnee lag schon sehr hoch, und wir hatten schon ganz nasse Füße. Als wir nicht mehr laufen konnten, setzten wir uns etwas abseits vom Weg unter eine große Tanne, deren Äste bis auf die Erde reichten, so daß darunter auch nicht so viel Schnee lag. Eine lange Zeit ver-

ging, wir kuschelten uns aneinander, während unsere Zähne klapperten und wir wie Espenlaub zitterten. Da hörten wir plötzlich viele Stimmen. Leute kamen mit Laternen. Sie riefen unsere Namen und baten uns hervorzukommen, wenn wir nicht erfrieren wollten. Hans aber bat mich immer wieder, stille zu sein, denn die Mutter schlüge ihn. So waren die Leute viele Male an unserer Tanne vorbeigezogen, doch wir verhielten uns ganz still. Da hörte ich die Stimme meiner Mutter rufen: ,,Gretel, kommt doch ruhig heraus, Ihr bekommt keine Haue, die Angst war Strafe genug!" Hans wollte aus Angst vor Schlägen immer noch nicht aus seinem Versteck heraus, aber ich schleppte ihn einfach mit, trotz seines Jammerns. Allerdings bekam er tatsächlich noch im Wald die Hosen stramm gezogen.
Schlotternd traten wir mit großem Gefolge den Heimweg an. Als wir heimkamen, waren zwar die Gardinen verbrannt sowie ein Stück der Platte der Nähmaschine. Das Festtischzeug, das darauf gelegen hatte, war versengt. Aber zum Allerschlimmsten war es nicht gekommen, da eine Frau der Nachbarschaft, die von der Pumpe Wasser holen wollte, das brennende Fenster sah und gleich Alarm schlug.
So hatte unser schönes Weihnachtszimmer nicht nur mit Licht und Feuer, sondern auch mit viel Wasser Bekanntschaft gemacht. So ein Erlebnis vergißt man bis ins hohe Alter nicht. Es geschah vor 75 Jahren 1904 in einer Gemeinde in der Nähe der Masurischen Seen.

Paula Nungesser

Episoden aus meiner Kindheit

1910

Im Johannesviertel wohnten wir in der Landwehrstraße 31. Damals fuhr noch eine Dampfbahn von Arheilgen nach Griesheim und eine vom Geschäft Hachenburger (heute Schrumpf) in der oberen Rheinstraße ab nach Eberstadt. Diese Dampfbahn wurde der „feurige Elias" genannt. In ihr durfte ich öfters zu meinem Großvater nach Eberstadt fahren, der

Personal der Dampfstraßenbahn im 1. Weltkrieg

mich besonders liebte, da ich die einzige Enkelin war. Er hatte mir schöne Saffianstiefelchen geschenkt. Großvater holte mich immer an der Endhaltestelle der Dampfbahn in Eberstadt ab, wo er in einer Seitenstraße, der Pfungstädter Straße, wohnte.

Die Plattformen der Dampfbahn wurden mit Scherengittern geschlossen; innen standen Holzbänke, auf denen man ganz schön durchgeschüttelt wurde. Der An- und Abpfiff der Lokomotive und das Anschlagen der Glocke durch den Lokomotivführer galten damals als ohrenbetäubender Lärm. Das Schönste aber war, wenn bei Kälte der Schaffner die aufgestellten Kanonenöfen anheizte oder bei Dämmerung die Petroleumlampen anzündete. Öfen und Lampen rauchten und stanken um die Wette.

Auf dem Rückweg holte mich meine Mutter an der Haltestelle ab und war froh, mich nach dem gut verlaufenen Abenteuer gesund wiederzusehen.

Bitte, liebe Leser, lachen Sie nicht, es war für uns damals genau so gefährlich, wie für heutige Kinder Tram-, Bus- oder Bahnfahrten sind, zumal wir viel ängstlicher waren als die heutige Jugend.

1912

Von der Blumenthalstraße aus ging ein großer Tunnel steil abwärts, der bis zur Maschinenfabrik Schenck ebenso steil

Pferdefuhrwerk im Johannesviertel

wieder anstieg. Es war ziemlich finster in ihm und abends brannten dort Laternen.
Nun will ich der heutigen Jugend gestehen, daß wir auch keine Engel waren:
Wenn ein Fuhrwerk durch diesen Tunnel fuhr, so donnerte das ganz schön, denn die Kutscher mußten schon beim Abwärtsfahren ihre Pferde antreiben, damit die Auffahrt geschafft wurde. Die Bierkutscher mit ihren Rollwagen voller Fässer und ihren schweren Brauereigäulen machten den meisten Lärm. Wir Kinder hängten uns nun mit Vorliebe hinten an diese Wagen, hielten uns an den Spannketten fest und zogen die Beine hoch. Es war uns ein großes Vergnügen beim Stampfen der Pferde, dem Donnern der Räder, bei Peitschenknall und Zuruf der Kutscher durch den Tunnel zu brausen. Wieder am Tageslicht, mußten wir dann abspringen, was gar nicht so einfach war, denn die Pferde waren ja in vollem Trab. Dazu gab uns der Kutscher zoologische Kosenamen und mancher schlug sogar mit der Peitsche nach uns; zum Glück langte sie nicht bis ans Wagenende.
Wenn die Eltern es erfuhren, gab es eine Strafpredigt, bei Wiederholungen sogar Ohrfeigen. Aber niemand soll glauben, daß wir dadurch kuriert wurden. Jede Rollfähre hatte wieder eine Traube von Kindern an der Rückfront – es war einfach zu schön!

1914

Ich besuchte die Lagerhaus-Schule, die nun zur Häfte als Kaserne diente.

Die Soldaten rückten dort ein, wurden eingekleidet, ausgebildet und marschierten von da unter klingendem Spiel und Gesang durch die Bismarckstraße zum Bahnhof, um an die Front zu fahren. Sie wurden von einer riesigen Menge, darunter auch vielen Kindern, begleitet, die laut schallend die „Wacht am Rhein" sangen; auch ich beteiligte mich daran.

Als aber mein Vater als Soldat dabei war, ging ich nicht mit und von da an nie mehr. Wenn ich nun ausziehende Soldaten hörte, mußte ich weinen und versteckte mich.

1918

Zu Ostern wurde ich in der Johanneskirche konfirmiert. Mein Kleid hatte meine Patin irgendwo aufgetrieben, auch neue Schuhe hatte ich an; es waren Bubenschuhe, aber für mich nach Holzschuhen mit Papieroberstoff eine himmlische Sache. Verwandte hatten zur Fleischration beigesteuert, sodaß wir zu 12 Personen ein und ein halbes Pfund Gulasch hatten, genügend Kartoffeln und Wackelpeter zum Nachtisch. Zum Malzkaffee gab es einen Sirupkuchen, einen Grieskuchen und Kartoffelhörnchen.

Ähnlich sah es auch in anderen Familien aus. Aber wir waren stolz und glücklich an diesem Tag.

1939–45

Der Zweite Weltkrieg zerstörte auch unsere Heimatstadt und legte sie in Schutt und Asche. Wenn man durch die Trümmer ging, blutete das Herz und man konnte nicht daran glauben, daß dieses Chaos jemals ein Ende nähme.

Aber Darmstadt ist neu erstanden und wenn es auch nicht mehr das altvertraute ist, so ist die Stadt doch wieder sehr ansprechend. Ich liebe sie sehr und möchte nirgend anderswo leben.

Karl Olitzsch

Mein erstes Kasino

Es liegt lange zurück, mein erstes Kasino, ca. 60–65 Jahre in der Zeit des Ersten Weltkriegs. Es befand sich in einem Hinterhof an der Marktpassage in Darmstadt, die heute noch den Marktplatz mit der Ernst-Ludwig-Straße verbindet. Die Grundstücke Markt 3 und Ernst-Ludwig-Str. 12 hatten einen Besitzer und es gab keine Abgrenzung. Entlang der Marktpassage gab es einen Vorderhof, der von dieser durch eine niedrige Mauer mit Eisenstangen abgegrenzt war und heute noch erkennbar ist. Zwischen den beiden Grundstücken war ein Garten und ein verzweigtes Hinterhofgelände mit Holzschuppen für die Marktleute, Abstellplätzen für deren Handwagen, Kisten und Packmaterial der angrenzenden Geschäfte. Ein ideales Spielgelände für Kinder und Jugendliche aus der Umgebung, ein wahres Kinderparadies. Aus dem inneren Kern der anwohnenden Kinder und Jugendlichen bildete sich bald ein sogenanntes „Eck“ das sich mit anderen Ecks um die Benutzung des Geländes herrliche Raufereien lieferte. Es kam zu Kämpfen mit den Ludwigsplätzern, den Schuchardtsträßlern und anderen Zusammenschlüssen. Es ging aber immer gut aus.

Im Hinterhof wurden allerlei Streiche ausgeheckt. Unter dem Verkehrsbüro am Ernst-Ludwigs-Platz gab es Toilettenanlagen, die nach dem Hersteller der sanitären Einrichtungen auch „Café Adamant“ genannt wurden. Dort bei einem Besuch eine Stinkbombe zu plazieren oder hineinzuwerfen, galt als Heldentat, wenn sich auch der Geruch in dieser Umgebung nicht zu sehr bemerkbar machte.

Im Ersten Weltkrieg spielten die Kinder und Jugendlichen von 6–12 Jahren gerne Soldat. Mit Kinder- oder Luftdruckgewehren, mit Knallpapierrevolvern und Kindersäbeln versammelten wir uns im Hinterhof, und der Besitz eines Hundertschußrevolvers galt schon als etwas Besonderes. Wir verliehen uns gegenseitig militärische Ränge, und es konnte durchaus passieren, daß einer, der als General zum Dienst kam, aus welchem Grunde auch immer, zum Gefreiten degradiert wurde, dann aber eine Viertelstunde später seinen Dienst als Leutnant weitermachte.

Natürlich brauchte eine solche Streitmacht auch ein Kasino.

So wurde denn eine große Kiste, die regengeschützt an der Hauswand stand, beschlagnahmt und zu einem Kasino gewandelt. An der Stirnseite wurden einige Bretter entfernt und die Öffnung mit einem gleichfalls beschlagnahmten Sack wieder verschlossen. Drinnen wurde aus Heu und Stroh ein weiches Polster angefertigt. Bei schlechtem Wetter oder auch, wenn etwas Besonderes geplant werden sollte, zogen wir uns ins Innere zurück. Reichte der Platz nicht ganz, so mußten die Jüngsten, die natürlich noch keinen oder nur einen sehr niedrigen Rang hatten, Wache stehen, bis vielleicht einer der Generäle zur Klavierstunde mußte oder ein väterlicher Ruf: „Heini, Bier hole!" für Platz sorgte.
Zur Unterhaltung wurden mangels Radio und Kassettenrekorder die Hits der Saison gesungen. Diese hießen in jener Zeit „Schlager" und waren seltener aber langlebiger als heute. So versicherten wir bei unseren Gesängen immer wieder, daß „Puppchen, unser Augenstern" sei, und den uns oft zu blöd erscheinenden Text dichteten wir, unseren Verhältnissen entsprechend – aber manchmal nicht salonfähig – um. Die Verpflegung im Kasino war sehr modern und ganz auf Rohkost eingestellt. Sie bestand aus Karotten und Geele-Riewe, die wir bei den schon erwähnten Marktleuten organisierten oder requirierten. Geschmeckt hat es manchmal besser als später in einem richtigen Kasino. Noch heute bekomme ich in jedem Jahr zwei Briefe zum Geburtstag und Weihnachten, die durch den Zusatz in der Anschrift „Mitglied der ehemaligen Marktpassagenarmee" an jene schöne Zeit erinnern.

Friederike Schack

Detmold und Darmstadt

Es war die lippische Residenzstadt Detmold, die mir die ersten Eindrücke dieser Welt vermittelte. Dort, in einem Landhaus, umgeben von einem großen in eine Wiese übergehenden Garten, verbrachte ich die ersten fünf Jahre meines Lebens. Wenn ich zurückdenke, sehe ich mich immer barfuß, denn mein Spielen bildete für mich ein eigenes sonniges Kapitel. Es gab da die größten Früchte als erste zu sichten und in ein Versteck zu tragen, denn ich hatte darin einen Rivalen, meinen um drei Jahre älteren Bruder Hermann. Das Flüßchen Werre schenkte uns einen Sandstrand, kleine Muscheln, tote Fische, und ab und zu trug es träge einen alten Holzkahn mit seiner Last. Unser Papierdrachen schwebte hoch über uns in der Luft, unsere Schaukel trug uns ein Stückchen himmelwärts. Ein Teil des Gartens war ein „Wingert", denn unser aus Rheinhessen stammender Großvater wollte auf einen Weinberg nicht verzichten. Über allem erhob sich aus dem Teutoburger Wald heraus die riesige Denkmalsgestalt Hermann des Cheruskers.

Im starken Kontrast dazu stand, daß wir uns im Hause gesittet zu verhalten hatten. Unser Vater war Kunstsammler, und wir waren von frühester Jugend an so erzogen, daß wir allem, das Jahrhunderte überdauert hatte und nun in unser Leben einbezogen war, mit Abstand, wenn nicht gar mit Ehrfurcht begegneten.

Unser Vater, ein gebürtiger Darmstädter, leitete in Detmold die Tischlerfachschule. Als er Direktor der Hofstilmöbelfabrik Glückert in Darmstadt wurde, mußte ich an das Abschiednehmen denken. Wenn man unseres Vaters Schilderungen Glauben schenken konnte, war Darmstadt nicht weniger schön als Detmold. Er erzählte von einem Fünffingerturm und einem großen Gewässer, dem „Woog", und als Beweis bekamen mein Bruder und ich sofort die erforderliche Woogsausstattung. So wußte ich bei dem Abschied von Detmold nicht, ob ich nun weinen oder mich freuen sollte. Als echte Evastochter tat ich beides.

Der Abend unseres Ankunftstages in Darmstadt – man schrieb das Jahr 1926 – brachte für mich sofort die ersten Sensationen. Schaute ich die schnurgerade Rheinstraße entlang, wirkten die Straßenlaternen wie aufgereihte Perlen. In den Schaufenstern von Spielwaren-Faix tat sich mir eine Märchenwelt auf.

Aus kindlichem Gemüt heraus gesehen, gefiel Darmstadt schon wegen seiner Farbenpracht. So taten es mir sogleich die Russische Kapelle und die vielen Mosaikbilder an, die Plastiken – insbesondere Adam und Eva –, die Orangerie mit ihren Apfelsinenbäumen, die Teiche mit Schwänen und Fischen, das satte Grün der Alleen und die Blumen der gepflegten Anlagen. Und wie bei jedem Darmstädter hing mein Herz sofort am „Woog". Im Museum wollte ich immer zu dem Bilde der „Heiligen Genoveva" geführt werden. Da die Füßchen des Kindes auf dem Schoße der Genoveva so rosig lebenswahr sind, wurde in mir jedes Mal der Wunsch wach, an den Fußsohlen zu krabbeln.

In Darmstadt lernten mein Bruder und ich unsere Verwandtschaft kennen, Onkel Jean und Tante Susanne Ruppel, später kurz „Tante Sannchen“ und „Onkel Jean“ genannt. Onkel Jean war ein bemerkenswerter Mann, sehr groß, immer kerzengerade mit einem frischen Gesicht, in dem sich die Würde des in Ehren zu Jahren gekommenen Mannes spiegelte. Tante Sannchen, zierlich von Gestalt, aber trotzdem eine vitale und impulsive Persönlichkeit, strahlte Herzensgüte, Gemüt und Frohsinn aus, gepaart mit dem Humor einer Mutter, die einen in so vielen Richtungen hin geistig aktiven Sohn und dessen gleichgearteten Freundeskreis jahrzehntelang um sich gehabt hatte.
Einer der Wesenszüge unseres Vaters war, daß er das Alter unbedingt ehrte und respektierte, und somit war Onkel Jean von Stund an auch unser Familienoberhaupt.
Unter Onkel Jean erlebte ich nun eine Art Nachdatterichszeit. Es begann ein geselliges Leben, denn Onkel Jean bewahrte die damalige Tradition dieser Stadt, ihre außerhalb liegenden Ausflugsziele regelmäßig zu besuchen. Als passionierter Wanderer und Mitglied des Odenwaldclubs war er ein sicherer Führer über Berg und Tal. Darmstadt war damals eine Stadt, in der die Menschen noch Zeit für die erfreulichen Dinge des Lebens hatten.
Sehr witzig war, wie unser Vater mich und meinen Bruder anderen Leuten vorzustellen pflegte. „Das sind meine beiden Kassenschränke“ sagte er gerne, womit auch zugleich klargestellt war, wo sein Geld blieb.
Der Sohn von Onkel Jean und Tante Sannchen war Karl-Heinz Ruppel; er wurde aber stets nur K. H. (Kaha) genannt. K. H. führte der Berufsweg nach Köln und Berlin, so daß er nur gelegentlich zu Besuch in Darmstadt weilen konnte. Aus meiner damaligen Perspektive gesehen, war er riesengroß und sehr schmal. Das Bild der Schwiegertochter Ilse, geborene Rudolph, hing bei Tante Sannchen im Salon. Es zeigte ein feines liebliches Gesicht von einem weißen Sommerpelz umschmeichelt. Herr und Frau Rudolph und deren Hausdame, Fräulein Krämer, waren häufig bei den sonntäglichen Unternehmungen mit im Bunde und, wenn das Enkelkind Wolfgang Ruppel – mit seinem feingeschnittenen Gesicht könnte er für den „Blue Boy“ von Gainsborough Modell gestanden haben – zu Besuch bei seinen Großeltern weilte, hatten mein Bruder und ich einen Spielkameraden.
Jede Begegnung, jeder Ausflug mit Onkel und Tante brachte

etwas Besonderes. In der sanft besonnten Morgenfrühe der warmen Jahreszeit versammelten wir uns am Treffpunkt, wohlversehen mit Proviant. Alles atmete Frieden und Harmonie, Licht und Heiterkeit. Man entdeckte unter Onkel Jeans Führung die Landschaft. Aber nicht gerade der kleinste Gedanke war darauf gerichtet, wo zur Mittagsstunde Einkehr gehalten werde. So war es denn genau so wichtig, aus dem Munde Onkel Jeans zu hören: „Weißt Du noch Sannchen, was es da das letzte Mal für riesige Koteletts gegeben hat?", und wir durften dann auch in dieser Hinsicht als Zugabe zu der Landschaft etwas erwarten. Das vorzügliche Gedächtnis Onkel Jeans brachte durch gelegentliche Ausrufe weitere Würzen: „Sannchen, hier an dieser Stelle stand seinerzeit der Hirsch", und imaginär malten auch wir uns die Gestalt eines Hirschs an diese jetzt leere Stelle. Der Zauber einer bewunderten Blume brachte uns eine Vorlesung über Botanik aus dem Munde Onkel Jeans ein.

So wurde für uns alle die Natur erlebenswert. Um die Abenddämmerung trafen wir dann wieder in Darmstadt ein. Abwechselnd wurde im „Anker", bei „Hottes" oder bei „Grohe" der Tag abgeschlossen.

Blühte die Bergstraße, dann vertrauten wir uns für längere Anfahrten dem Auto unseres Vaters an. Das sogenannte „Autounwesen" stand ja damals erst am Anfang und jede Fahrt bedeutete noch ein Abenteuer. Onkel Jeans gepriesene Wanderwege waren auf Autoverkehr noch nicht zugeschnitten. Ging es eine steile Abfahrt hinunter und hatte sich nach Regen dort Morast gebildet, bewegte sich das Fahrzeug nicht mehr vor und nicht mehr zurück, sondern der Wagen stak einfach fest. Dann wurde erst eine Zeitlang debattiert „wären wir doch" und „hätten wir doch", bis das Gefährt wieder flott gemacht werden konnte. Und wieder ging es die vom Melibokus beherrschte Höhenkette der Bergstraße entlang.

Die berühmtesten Rundsichten lernten wir kennen, vom Melibokusturm und vom Auerbacher Schloß aus. Auch von der Starkenburg hatte man den Blick auf die Baumblüte und lebte auf der Burg zugleich in der Vergangenheit und in der Gegenwart. Hier spürte man im Frühling so richtig die eigenwillig-besondere Atmosphäre dieser Landschaft.

War die Baumblüte der Bergstraße im Vergehen, schloß sich der Odenwald mit dem Blütenmeer der Apfelblüten und den schimmernden Weißdornhecken an. Auch auf den Wiesengründen prangte der Frühling. So beherrschte der Zauber des Frühlings-

erwachens jeweils ein Vierteljahr lang unsere Begegnung mit der Natur.
K. H. Ruppel war damals bereits als Musik- und Theaterkritiker sowie als geistsprühender Publizist eine bekannte Persönlichkeit. Tante Sannchen – selbst sehr belesen – nahm von Darmstadt aus intensiv Anteil an dem Berufsweg ihres Sohnes und an den Freuden und Leiden der hiesigen Theaterwelt. Die Berührung mit diesen passionierten Kennern von Sprache, Dichtung und Musikwissenschaft hat uns Jugendliche wesentlich mitgeprägt.

Waren es anfänglich der für Buben damals übliche sonntägliche Matrosenanzug oder andere Geschehnisse in der Welt meines Bruders Hermann, die Tante Sannchen bei Zusammenkünften mit uns jeweils zu Vergleichen mit ihrem Sohn K. H. veranlaßten, so wußte sie bei unserem späteren Heranwachsen zu gegebenen Anlässen interessante Episoden aus dem Leben des K. H. und seiner beiden Freunde zu berichten. So hörten wir, daß die Freunde Hermann Kaiser und Gerhart Roether, beide in Darmstadt, sind. Tante Sannchen berichtete, daß ihr Mansardenzimmer für unzählige Zusammenkünfte dieser Drei gedient habe. Man konnte sich anhand der Schilderungen gut vorstellen, was diese hochoriginellen verschmitzten Geister an gemeinsamem Musizieren, geistigem Austausch, Geselligkeit – wobei das Lernen für den Lehrer und für sich selber nicht vergessen werden durfte – alles unternahmen. Tante Sannchens Augen strahlten und leuchteten jedesmal in Nachfreude.
Aus den Erzählungen war immer wieder zu entnehmen, daß diese drei Freunde unter anderem eine besondere Liebe mit dem Theater verband, jeder auf seine Weise.
K. H. Ruppel begegnete mir als Denker mit fundierten Kenntnissen in Publikationen als Musikwissenschaftler, Theater- und Musikkritiker, Rezensent, wortmächtiger und geistvoller Vortragender.
Die berufliche Laufbahn der drei Freunde nahm in der von Tante Sannchen geschilderten Gründung des „K. H.-Orchesters" ihres damals 16-jährigen Sohnes Karl-Heinz und des gleichaltrigen Gerhart Roether praktisch im Spiel ihren Anfang. Es muß ein lustiges und einfallsreiches Völkchen gewesen sein, denn dieses „K. H.-Orchester" hat während des Ersten Weltkrieges Frohsinn und Unterhaltung in die Darmstädter Lazarette gebracht.
Gerhart Roether wirkte dabei als Conférencier mit. Dem Wort,

das er damals so gut zu führen wußte, blieb er im gedruckten Buch als Bewahrer dessen, was der Mensch denkt, ebenfalls treu, hat er doch mit schöpferischer Konzentration als Verleger, Mäzen und ideenreicher Kunstfreund unter anderem zahlreiche Publikationen insbesondere auch zur Kulturgeschichte der Stadt Darmstadt, mit typographischer Noblesse und großzügiger Schönheit ausgestattet.
Hermann Kaiser, ein hochbegabter, vielseitiger Künstler und umsichtiger Pädagoge – älter als seine beiden Freunde und deshalb auch als Mentor wirkend – hat sein ganzes Leben und seine schöpferischen Kräfte als Wissenschaftler, Forscher und Historiker in den Dienst der Musik und des Theaters gestellt, insbesondere für das Schultheater und für die Schuloper gewirkt. Es wird sich im Leben selten wiederholen, daß ein Ensemble so starke – empfangend wie gebend – voneinander unabhängige künstlerische Persönlichkeiten vereinigte.
Der Kunstsammler in unserem Vater ließ uns auch gemeinsam mit Onkel Jean und Tante Sannchen Stätten mit kulturhistorisch bedeutsamer Vergangenheit besuchen, so unter anderem das stilreine Rokokoschloß Wilhelmstal bei Kassel, Schloß Arolsen – ein Abbild von Versailles – und das vielleicht schönste hessische Barockschloß, die „Fasanerie" bei Fulda.
So verlebten wir gemeinsam mit Onkel Jean und Tante Sannchen in Darmstadt mehr als ein Jahrzehnt, in dem man hätte zufrieden sein können und wir waren es auch. Dann lag aber irgend etwas Störendes, Gefährliches unter der ruhigen Heiterkeit der Tage wie eine Schlange im Gras. Sterne und Wolken zogen auch später wie einst über das Land, aber ein Krieg erschütterte die Ordnung einer alten Welt – und jeder mußte seinen eigenen Weg gehen . . .

Adalbert Scheuermann

Das erste Automobil

Der rasende technische Fortschritt erreichte auch Darmstadt etwa im Jahre 1904, als der erzählende Heinerbub den Start des ersten Automobils in der Stiftstraße erlebte. Sein Besitzer, Philipp Spiess, der Juniorchef des Spiess'schen Zimmergeschäfts, betrat, von zahlreichen Zuschauern auf der Straße und an den Fenstern bestaunt, die Bühne: den Zimmermannsplatz. Er war dick vermummt in einen pelzverbrämten Mantel, ausgerüstet mit einer riesigen Ledermütze mit Kinnriemen, einer Sonnenbrille sowie Stulpenhandschuhen.
Nachdem der Wagen aus der Garage geschoben war, übernahm auf der Straße der bekannte Revierschutzmann Heil den Ordnungsdienst, um Zwischenfälle zu vermeiden. Der umfangreiche Philipp klemmte sich nun auf den Führersitz, neben ihm und hinten nahmen die Weiblichkeiten der Familie Platz, die den Mut aufbrachten, bei diesem nicht ungefährlichen Unternehmen Leben und Gesundheit zu riskieren. Ihre wallenden Straußenfederhüte waren mit Schleiern festgebunden, lange Mäntel sollten vor Staub und Zugwind schützen. Die bunten Sonnenschirme erschienen allerdings ziemlich überflüssig, denn wie hätte man sie bei der rasenden Fahrt aufspannen und festhalten können? Aber in jener Zeit war es für eine Dame einfach unmöglich, im Sommer ohne Sonnenschirm das Haus zu verlassen – sie wäre sich direkt nackt vorgekommen!

Nun versuchte man, das technische Wunder zum Leben zu erwecken. Ein besonders kräftiger Vorarbeiter orgelte an der Front des Wagens mittels einer Kurbel aus Leibeskräften, während der sogenannte Chauffeur laute Befehle gab, die aber das Anspringen des Motors eher behinderten als förderten. Plötzlich ertönte knatterndes Explosionsgeräusch, das jedoch schnell wieder verstummte. Der „Orgler" wischte sich den Schweiß von der Stirne, spuckte in die Hände und kurbelte von neuem. Dieses neckische Spiel wiederholte sich noch einige Male, bis die Maschine, wohl erwärmt, an dem Geknatter Gefallen gefunden hatte und mit Zittern und Beben das Fahrzeug samt Insassen durcheinanderschüttelte, so daß sich die Damen erschreckt aneinander klammerten und Angstschreie ausstießen. Doch der kühne Beherrscher des Automobils ließ sich davon nicht einschüchtern, im Gegenteil, er stieß einen Warnruf aus, Zuschauer und Schutzmann sprangen schleunigst zur Seite, und der gerade wild gewordene Karren machte einen Satz wie ein Tiger, um dann plötzlich wieder still und fest wie ein Denkmal zu stehen.

Man hörte förmlich das tiefe Atemholen des gebannten Publikums, das diesen historischen Augenblick hingerissen miterlebte.

Ein erneuter Wiederbelebungsversuch gelang nun wider alles Erwarten recht schnell. Es ertönte ein nochmaliges „Achtung" des Fahrers und mit einem zweiten Tigersprung war jetzt die Straße erreicht. Das Wunderwerk bog ratternd um die Ecke der Soderstraße in Richtung Kapellplatz und wurde, bevor der Schutzmann Heil eingreifen konnte, von den Heinerbuben umschwärmt, die vorläufig noch schneller waren als der motorisierte Philipp. Schließlich gewann das Weltwunder doch einen Vorsprung und war nunmehr für die Zurückbleibenden weder visuell noch akustisch wahrnehmbar.

Das jetzt einsetzende Palaver zeigte, wieviele Sachverständige beziehungsweise solche, die es sein wollten, diesen ersten Start eines Automobils erlebt hatten. Einige Hartnäckige diskutierten noch eine Stunde später, als plötzlich der Vorarbeiter mit seinem Fahrrad startete, in der Hand die zurückgelassene Anlasserkurbel. Es sickerte durch, daß er dem zu plötzlichem Stillstand gekommenen Gefährt zu einem erneuten Start verhelfen sollte.

Es vergingen Stunden, bis der Traumwagen still und leise um die Ecke der Soderstraße gerollt kam, bewegt von einer einzigen Original-Pferdekraft in Schrittempo, ohne jede Unterstützung der vielen Pferdestärken unter der Motorhaube.

Als einziger Insasse war nur der etwas zusammengesunkene Besitzer zu sehen, dem es auf der Fahrt scheinbar sehr warm geworden war, denn er hatte den Pelzmantel, die Mütze und die Rennfahrerbrille abgelegt. Nur die flotten Stulpenhandschuhe unterschieden ihn noch von seinen nicht-motorisierten Mitmenschen, die sich natürlich am Zaun drängten oder aus den Fenstern heraushingen, um an diesem negativen Triumphzug Anteil zu nehmen . . .

Für Diskussionen, an denen begreiflicherweise die Hauptperson nicht teilnehmen wollte, stand ja nun reichlich Stoff zur Verfügung. Der vierbeinige Nothelfer verließ unter Zurücklassung einiger frisch produzierter Pferdeäpfelchen den Schauplatz.

Wo die weiblichen Teilnehmer dieser Expedition geblieben waren, konnte man zunächst nicht erfahren, denn sie kehrten erst in der Dunkelheit mit einer Pferdedroschke zurück, traten dann aber am nächsten Tag wieder lebend und unbeschädigt in Erscheinung.

In den folgenden Wochen fanden noch einige Ausfahrten statt, die nach wie vor eine Sensation in der Stiftstraße waren und scheinbar immer den gleichen Verlauf nahmen, nur daß das Nothilfe-Pferdchen eine gewisse Variation in Größe und Farbe zeigte, je nach dem Stadtteil, der zufällig zur Endstation wurde.

Den Rennfahrer im Schrittempo umgab nun nicht mehr wie bei der Jungfernfahrt ein bunter Damenflor, nur seine tapfere Frau, die sehr hübsche Tochter des damaligen Wirtes „Zum goldenen Anker" in der Großen Ochsengasse, hielt als Beifahrerin neben ihm durch.

Als aber die stolze Karosse schließlich in nächster Umgebung der Stadt in einen Chausseegraben kippte und Schaden erlitt, wurde sie von dem Ehepaar für immer aufgegeben. Obwohl sie nach der notwendig gewordenen Reparatur, von einem Fachmann sicher gesteuert, also das erste Mal mit eigener Kraft zurückkehrte, verschwand sie in der Garage wie in einem Erbbegräbnis und rostete dort still vor sich hin.

Nur manchmal stibitzte der Neffe des Onkel Philipp den Garagenschlüssel und betätigte sich gemeinsam mit dem Heinerbuben als fiktiver Rennfahrer. Es wurden alle vorhandenen Hebel ausprobiert, jede Schraube wurde untersucht, nur die Hupe, die am meisten gereizt hätte, mußte unberührt bleiben, weil man sonst die beiden „Automechaniker" erwischt hätte.

Adalbert Scheuermann

Die Stiftstraße Nr. 40 und die Mercksindianer

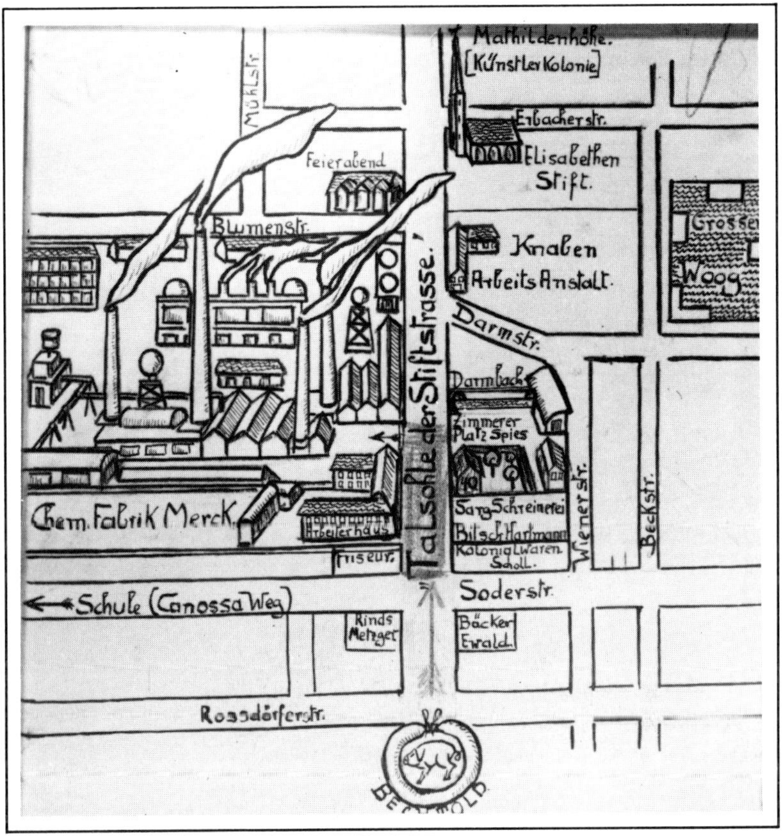

Das Haus auf der Talsohle der Stiftstraße 40 war die Heimstätte der Scheuermannsfamilie und ihrer Mitbewohner. Annähernd 15 Jahre lang bildeten sie eine recht gute Hausgemeinschaft, trotz verschiedener persönlicher Voraussetzungen und Temperamente, unsentimental, ohne Freundschaftskumpanei, aber stets bereit zu nachbarlicher Hilfe unter Führung meiner Mutter, der stets Mißklänge ausgleichenden Hausfrau.
Da war die tüchtige, aber zeitweise recht eigenwillige Hebamme L. mit dem ihr unterstellten Gemahl. Der Genosse K. und seine marxistische Familienzelle, die sich innerhalb des Hauses absolut unpolitisch verhielt. Der frühpensionierte Pfarrer E., ein

etwas absonderlicher Junggeselle, der sich zu seinem Vorteil der Fürsorge der Hausfrau anvertraute. Oben im Dachgeschoß hauste die Zwergenfrau wie ein stilles Käuzchen, nachdem ihr Ehemann, ein kunstfertiger Goldschmied und talentierter Maler von schönen Damen sie eines Tages verlassen hatte. Meine Mutter brachte es fertig, die Einsame mit großer Geduld vom Kummerschnapsfläschchen zu befreien und ihr zu einer neuen Existenz als Zimmervermieterin zu verhelfen.

Das alles war während einer Zeit, als der technische Fortschritt auch in das Haus Stiftstraße 40 eingriff, wie die Umstellung von der Petroleumlampe zum Gaslicht oder vom Kohlenfeuer zur Gasflamme.

Nachdem im Jahre 1904 die Chemische Fabrik Merck ihren Betrieb am Meßplatz in Richtung Arheilgen verlegt hatte, war das Abbruchgelände dieses Unternehmens mein Hauptbetätigungsfeld. Für mich als Häuptling Falkenauge und meine Mitheiner, die Mercksindianer, war dieses ehemalige Fabrikgelände mit Überresten aller Art, den geheimnisvollen Gewölben, Höhlen und Gruben, in denen es nicht nur chemisch, sondern auch oft menschlich duftete, unser wilder Westen – unsere Goldgräberstadt, in der wir, ohne beaufsichtigt zu werden, tun und lassen konnten, was wir wollten.

Bei unseren Kriegspfaden trafen wir auf die von uns so bezeichneten „Steinzeitmenschen“, unsere Gegner aus der ehemaligen

Merckschen Arbeiterkaserne, die mit ihrem Anführer, dem schimpfwörtergewaltigen Krack, unter dem Schlachtruf „Haut die Stutzer" wütende Steinschlachten gegen die Mercksindianer führten, ohne die geringste Beachtung der indianischen Kriegsregeln.

Die Mercksindianer mit ihrer klassischen Karl-May-Ausrüstung, den selbstgefertigten Tomahawks, Speeren und Bogen, konnten dieser Wucht nichts Gleichwertiges entgegensetzen, außer ihren großen Schilden zum Schutz gegen diesen Steinhagel. Schließlich legten sie ihr wohl dekoratives, aber unwirksames Gewaffen ab und griffen ebenfalls zu den Steinen, um wenigstens den beiderseitigen Rückzug ohne sie zu erzwingen, wobei auch mancher stolze Häuptlingsschmuck in der Hand der Gegner blieb. Ja, Niederlagen mußten die Helden verkraften lernen, als heilsame Vorbereitung fürs Leben. Der Stamm der Mercksindianer bestand ausschließlich aus Häuptlingen – das war fast eine Vorschule für die Demokratie.

Schon wenige Jahre später haben viele dieser tapferen Häuptlinge fern von Darmstadt das Leben lassen müssen. Ich denke an fünf meiner Jugendfreunde, die vor mehr als 60 Jahren ihr Leben verloren, ehe sie ihr zweites Jahrzehnt vollenden konnten. Ihre Familien existierten nicht mehr, und die Bilder, die ich von ihnen aufbewahren konnte, sind sicher die einzigen, die es noch gibt. Es waren das: Karl Diem, Willy Jacoby, Robert Hanselmann, Fritz Landskron und Ernst Bauer. Noch heute stehen sie mir deutlich vor Augen.

Adalbert Scheuermann
Der Kriminalfall oder die Emanzipation der Frau

Im Haus Stiftstraße 40, der Heimstätte der Scheuermannsfamilie, wo ich mit zwei Geschwistern aufwuchs, hatten die Haushaltsvorstände der Bewohner kaum persönliche Beziehungen zueinander. Es war daher ganz selbstverständlich, daß die Hausgemeinschaft ausschließlich von den Hausfrauen geprägt wurde und es sich sehr gut bewährte, obwohl auch bei ihnen Temperamentsunterschiede, konträre politische Einstellungen und andere Differenziertheiten vorhanden waren. Meinungsunterschiede wurden aber zumeist von meiner Mutter ausgeglichen, wenn auch einmal mit der Androhung einer Kündigung.

Auch einen Kriminalfall in diesem Hause führte die Weiblichkeit, ohne Absprache mit den im Grunde genommen meistens uninteressierten Haushaltsvorständen zu einem erfolgreichen Ende. Es handelte sich darum, daß ein Gewohnheitsdieb des öfteren in früher Stunde das Haus sowie die Nachbarschaft heimsuchte und das vor den Wohnungstüren bereitliegende Geld, das für den Bäckermeister bestimmt war, der die Brötchen ins Haus brachte, ohne Gegenleistung kassierte.

Die fünf weiblichen Hausbewohner fungierten als Kriminalistinnen: meine Mutter als dirigierende Hausfrau, die Hebamme als Spezialistin für komplizierte Quer- und Steißlagen, die Genossin K., die ihre theoretische Einstellung, daß Eigentum Diebstahl wäre, keinesfalls auf ihr Brötchengeld bezog, die verlassene Zwergenfrau des Goldschmieds und die muskelstarke Marie Kuchenbäcker, unsere Haushilfe. Alle hatten sich gleichsam bis zu den Zähnen (soweit noch vorhanden) bewaffnet: mit einem französischen Chassepotgewehr (ohne Munition), einem Säbel der königlich-bayrischen schweren Kavallerie, der auch schon bessere Zeiten gesehen hatte, mit Schürhaken, Teppichklopfern und Schaufeln. Durch den drohenden Einsatz dieser Waffen, geschickte Strategie und Überwindung von Furcht war es ihnen gelungen, den Gauner zu früher Morgenstunde dingfest zu machen und durch ihre Stimmgewalt sozusagen am Boden zu zerschmettern.

Erst jetzt, durch den Schlachtenlärm alarmiert und jäh aus dem besten Schlaf geweckt, traten die Herren der Schöpfung, in wallende Nachthemden gehüllt, ins Treppenhaus, um ihrerseits die Angelegenheit in ihre starken Hände zu nehmen. Doch sie stießen dabei auf die energische Ablehnung ihrer Absichten von Seiten der fünf Amazonen, die sich jede Einmischung verbaten und darauf pochten, daß der Gestellte *ihr* Verbrecher sei.
Da stürzte plötzlich, barfuß und nur mit einem Minihemd bekleidet, der Hebammengatte als letzter die Treppe hinunter und schlug dem armen Sünder auf den Hut. Aber er stand sofort der geschlossenen Phalanx der Hausfrauen gegenüber, die mit Wucht den Teppichklopfer auf den Störenfried herabsaußen ließen, erbittert darüber, daß *ihr* Krimineller so brutal geprügelt worden war. Der barfüßige Hebammengatte, erstaunt über die Ablehnung seines so entschlossenen Einsatzes, trat zerknirscht den Rückzug an und verstand die Welt nicht mehr. Daraufhin ließen sich auch die übrigen Haushaltungsvorstände auf keine Diskussion ein, sondern gaben den warmen Betten den Vorzug. Die Siegerinnen drehten alsdann dem Dieb sämtliche Taschen um und beschlagnahmten das darin gefundene Geld. Bevor der arme Sünder nun versprechen mußte, die Stifts- und Soderstraße künftig zu meiden, wurden ihm von den barmherzigen Amazonen noch zwei Tassen heißen Malzkaffees gereicht. Dann ließ man ihn laufen. Er ward nie mehr gesehen.

Adalbert Scheuermann

Theaterabend im Feierabendhaus

Mein erstes Theatererlebnis fand nicht im Großherzoglichen Hoftheater statt, sondern in dem Vereinshaus ‚Der Feierabend', einem langgestreckten Saalbau mit Eingangshalle in der oberen Stiftstraße, Ecke Blumenstraße, später Landgraf-Georg-Straße genannt.
Hier hielten die klein- und mittelbürgerlichen Vereine ihre Stiftungsfeste, Weihnachtsfeiern, Tanzveranstaltungen und Fastnachtssitzungen ab.
Es muß schon eine sehr gewichtige geschäftliche Verpflichtung gewesen sein – vermutlich ein größerer Versicherungsabschluß der Generalagenten –, die den Vater veranlaßte, entgegen seiner gewohnten Einstellung eine Einladung zu einer Amateuraufführung eines Vereins anzunehmen und diese sogar für die gesamte Familie zu akzeptieren. Denn bis dahin galt der Grundsatz, daß alles, was mit dem Theater zusammenhängt, moralisch anrüchig, wenn nicht sogar frivol und somit für die heranwachsende Jugend völlig unstatthaft wäre.
Die Aussicht auf die erste Begegnung mit dieser noch fremden, unüberschaubaren Welt der Erwachsenen erregte die Phantasie vor allem der beiden jüngsten Familienmitglieder aufs Äußerste und die nun folgenden diversen Vorbereitungen steigerten ihre Erwartungen geradezu ins Ungeheuere.
Das Staatskleid der Mutter, das Dunkelbraunseidene, wurde durch die Hausschneiderin, das ältliche Fräulein Sonntag, modernisiert, der Spitzenstehkragen mit neuen Fischbeinstäbchen in Façon gebracht, und der Saum des seit Jahrzehnten als höchst fashionabel geltenden Maxirocks mit neuen „Besenborten" eingefaßt, zwecks besserer Aufnahme des Bodenstaubs. Für die Perle Marie Kuchenbäcker, die schon seit zwei Jahren der Familie angehörte, wurde gegen ihren Willen – denn in Kleidungsfragen war die sonst ganz muntere Person äußerst konservativ – ihr gestrenges Kirchgangsgewand (von den bösen Kindern ‚Maries Sterbekleid' genannt) mit Schleifchen und allerlei Krimskrams, wie sie es bezeichnete, theaterfähig gemacht.
Die Mutter verwandelte mit Hilfe einer Brennschere und dem

Beistand der Marie ihre normalerweise schlicht-glatte Frisur in ein Meer von Wellen und bekam so für mich Heinerbub ein völlig fremdes Aussehen. Dem Schwesterchen halfen weder Proteste noch Tränen, die Marie drehte ihr Zuckerwasserlokken und band eine Riesendoppelschleife ein. Auch ich mußte beim Friseur an der Soderstraßenecke Haare lassen und bekam immer wieder eingeprägt, bei dem der Vorstellung vorangehenden Kuchenessen, beziehungsweise Kaffee- oder Schokoladetrinken, ja nicht den einmaligen Sonntagsausgang-Matrosenanzug zu bekleckern.

Nachdem die Mutter noch ihr bestes Stück, die Granatbrosche, angesteckt und zum Schutz der festlichen Frisur einen schwarzen Spitzenschleier umgebunden hatte, brach die Familie endlich auf, etwa eine Stunde vor der angesetzten Zeit, bei einer Gehstrecke von kaum zehn Minuten.

Marie Kuchenbäcker trug zu dem ihrer Meinung nach verschandelten Sonntagskleid ein Kapotthütchen mit roten Kirschen, mit dem meine Mutter vor vielen Jahren im Vogelsberg Aufsehen erregte, nachdem es ihr der Vater von einer Geschäftsreise aus Frankfurt mitgebracht hatte. Als es aber später in Darmstadt modisch nicht mehr ganz auf der Höhe war und „pensioniert" wurde, bat sich die Marie das gute Stück aus, denn sie bewunderte es noch unbegrenzt wie am ersten Tag, als es einst den Kopf der Hausfrau schmückte.

Auch auf den bunten Sonnenschirm mit überlangem Griff, um dessentwillen sie auf der Straße nochmals jäh umkehrte, um ihn in fast sportlichem Laufschritt aus ihrer Kammer zu holen, da sie ihn infolge der Aufregungen des eiligen Abmarsches vergessen hatte, war sie sehr stolz. Sie weigerte sich auch später standhaft, diesen Wertgegenstand an der Garderobe abzugeben, sondern hielt ihn während des ganzen Abends fest umklammert, sogar beim Kaffeetrinken, und konnte darum später beim Beifallklatschen nicht mitwirken. Mein Bruder Richard, dem das ganze Unternehmen am wenigsten die Ruhe geraubt hatte, frotzelte die Beschirmte ständig mit der Frage, wann denn heute Nacht die Sonne endlich aufgehen würde.

Die Familie als Spitzengruppe der Teilnehmer, saß lange Zeit ganz allein an der weißgedeckten mit Papierblumen reich geschmückten Tafel und mußte sich in Geduld üben, denn die Versuche, die sehr beschäftigten Komiteemitglieder in Gespräche zu verwickeln, schlugen fehl. Doch die Eltern waren sowieso voll beschäftigt, die beiden Jüngsten von allzu gründ-

lichen Entdeckungsunternehmungen mit ungewissem Ausgang in Richtung Bühne zurückzuhalten. Nach langweiligen Begrüßungsansprachen und ebensolchen Erwiderungen, viel Kaffeetassengeklapper und lautem Menschengeplapper, mehr oder minder intensiven Chorgesängen, die Wald und Flur und den Großherzog verherrlichten, den Musikdarbietungen einer stattlichen Kapelle, bestehend aus einem kahlköpfigen Klavierbearbeiter, zwei ebenfalls bejahrten, aber noch behaarten Violinvirtuosen und einem einsamen, doch sehr korpulenten Trompeter, ging endlich die zermürbende Wartezeit zu Ende.
Ein schmetterndes Hornsignal kündigte den Beginn der so sehnsüchtig erwarteten Hauptsensation des Abends an. Ein Seufzer der Erleichterung entrang sich der Menge, als sich endlich der von Künstlerhand geschmückte Vorhang hob und einen prächtigen, riesigen Minisaal eines Königsschlosses enthüllte.
„Der Ritter mit der roten Unterhose", so begann das Ritterschauspiel in vier Akten. Der Autor verbarg sich hinter dem Pseudonym: Mayer.
Doch nun kam der 1. Akt: Auf der Bühne erschienen ein sehr alter, sehr langbärtiger, sehr gichtkranker König, die zarte silberblau gekleidete, durch ein Krönchen erkennbare Prinzessin und ein schwarzbärtiger Vetter, den jeder im Saal auf den ersten Blick als einen finsteren, infamen Schurken erkennen konnte. Eine von ihm erstrebte interfamiliäre Heirat mit Thronanspruch lehnte die Prinzessin nicht nur wegen Inzucht ab, sondern weil sie sich bereits auf einen wunderschönen, blondgelockten Helden kapriziert hatte, der zwar nicht ebenbürtig, aber nach der damaligen neuesten Mode mit langen, hautengen Unterhosen bekleidet war. Er hatte die Dame einfach fest in seine starken Arme genommen, so daß der gute Papa, entgegen seiner ursprünglichen Absicht, mit dem Segen herausrücken mußte.
Der hierdurch mit Recht erboste Vetter grollte laut, rollte wild die Augäpfel, schwor blutige Rache und verschwand. Beifall – wiederholter Beifall – der Vorhang fiel zum ersten Mal.

Dann kam der 2. Akt: Das Glück der schönen Prinzessin war nur von kurzer Dauer. Der stolze Held mit der roten Unterhose entpuppte sich als ein ausgesprochener Militarist, der mehr für das Kriegeführen als für den ehelichen Frieden war und zog als Kreuzfahrer zum Heiligen Land. Es wurde durch zwei Zimmerpalmen angedeutet. Bei den nun stattfindenden heftigen Kämpfen war es dem neutralen Zuschauer unmöglich festzustellen,

wer von den Schreihälsen siegte. Die roten Unterhosen jedenfalls blieben unbeschädigt. Wieder Beifall und Senken des Vorhangs zum zweiten Mal.

Danach sahen wir den 3. Akt: Die Zuschauer erfuhren, daß der rüde Vetter in der Zwischenzeit durch schnöden Verrat die Königsburg erobert und den alten König ermordet hatte. Aber die Prinzessin erwischte er nicht, denn sie war durch einen geheimen Gang mit ihrem inzwischen produzierten Nachwuchs entwichen und hatte bei einem alten Eremiten tief im finsteren Wald Zuflucht gefunden.

Die Bühne war jetzt durch drei echte Tannenbäume nebst irgendeinem Schneersatz in einen schier undurchdringlichen deutschen Winterwald verwandelt worden.

Trotz der Abgelegenheit des Schauplatzes kam der im kalten Januar aus dem warmen Orient spätheimkehrende Held mit der roten Unterhose auf seinem Heimweg durch diesen Teil des finsteren Waldes und fand dort zu seinem maßlosen Erstaunen vor der Einsiedlerklause seine ihm angetraute Gattin, heruntergekommen, in zerfetztem Gewand; heute würde man sagen im Hippielook. Erschüttert erfuhr er von ihrem furchtbaren Schicksal und nahm das Zwillingspaar, das er während seiner Abwesenheit geschenkt bekommen hatte, in seine starken Vaterarme, trotzdem ihn die geringe Größe der beiden Knaben etwas stutzig gemacht hatte. Der Eremit legte die von ihm geretteten Geburtsurkunden vor. Beifall – der Vorhang fiel zum dritten Mal.

Nun endlich der 4. Akt: Das Kreuzfahrerheer erstürmte die Königsburg und bereitete dem verbrecherischen Vetter ein blutiges Ende. Das glücklich wiedervereinte Paar nebst Nachkommenschaft wurde in ihre zwar etwas beschädigte Luxuswohnung zurückgeführt. Prasselnder, stürmischer Beifall. Weitere Vorhänge gab es nicht, weil derselbe sich verklemmt hatte.

Auch dieser ziemlich harmlose Theaterabend im Vereinshaus ließ in unserer Familie unverwischbare Spuren zurück. Aufgrund der Tatsache, daß bei dem Unternehmen eigentlich keine familiären Tabus verletzt worden waren, war der moralische Widerstand der Eltern gegen das Theater an sich erschüttert, wenn auch die Mutter weiterhin die Schauspieler wegen ihres angeblich sehr lockeren Privatlebens sehr kritisch beurteilte und beargwöhnte. Auf alle Fälle bekamen Robert und Richard in der Folgezeit im Großen Haus schon im Hinblick auf die erforderlichen Kenntnisse für die Schule freie Bahn und 40 Pfennige für den Galerieplatz, um die Aufführungen der Werke von Schiller, Goethe und Shakespeare im Großherzoglichen Hoftheater zu besuchen.

Was nun mich, den Heinerbuben betrifft, der eine solche Reife wie seine Brüder noch nicht nachweisen konnte, mußte ich zugeben, daß die wunderbare Darbietung im Vereinshaus mir

immerhin tiefe Einblicke in die schwierigen Probleme des Lebens gegeben hatte und die Erkenntnis, daß treue Liebe und ein scharfes Schwert über alle dunklen Machenschaften siegen.
Die Begeisterung, die das erste Theatererlebnis an der Stiftstraße erzeugt hatte, wirkte noch eine gute Weile nach. Es wurde immer wieder versucht, mit Hilfe des Schwesterchens und anderer Spielkameraden das wunderbare Schauspiel vor dem Hausgartenhäuschen im Rahmen der verfügbaren Mittel nicht nur zu wiederholen, sondern sogar in verschiedenen Richtungen weiter auszubauen. Aber hier stellten sich sehr schnell Materialschwierigkeiten ein. So konnten die Palmen nur unzureichend durch Oleander ersetzt werden, die mit vieler Mühe herangeschafft wurden. Doch ebenso anstrengend war der Rücktransport der schweren Kübel zum üblichen Standort auf beiden Seiten der Haustüre, wenn die Mutter – plötzlich energisch geworden – darauf bestand.

Adalbert Scheuermann

„Wie einst im Mai"

Es war an einem trüben, regnerischen Novemberabend im Jahr 1912 oder 1913. Ich war, von irgendwoher kommend, unterwegs nach der elterlichen Wohnung in der Stiftstraße 40 zu dem, von der Mutter immer pünktlich angesetzten Abendessen . . . und kam zufällig am Theater vorbei, dem ein regenschirmüberdachtes Publikum zahlreich und eilig zustrebte und in dessen Richtung auch einige Kutschen rollten.
Ohne einen Blick auf den Theaterzettel zu werfen, wäre es mir unmöglich gewesen, diesen Platz zu passieren. Und so stand ich nun in meinem regennassen Lodencape, dem halboffiziellen Schüleruniformsstück der Heiner, bedeckt mit meiner durchfeuchteten Mütze, vor dem Aushängekasten, in dem die Ankündigung von Walter Kollos Operette „Wie einst im Mai" zur Kenntnis genommen werden konnte. Die Mitwirkung meiner beiden Lieblingsschauspieler, der verehrten Käthe Gothe und des fixen Bruno Harprecht, war irgendwie verlockend – aber es führte kein Weg zu diesem geheimen Ziel meiner Wünsche, denn das Gesetz der Sippe gebot strengstens, sich zu beeilen, um zur

„amtlich“ festgesetzten Stunde der Abfütterung in der Stiftstraße 40 einzutreffen.

Als das Glockenspiel herüberklang, spürte ich einen sanften Tupfer auf meiner nassen Schulter und eine verführerische Stimme sagte zart, aber deutlich vernehmbar: „Wollen Sie diese Aufführung gern sehen? Sie wird Ihnen bestimmt viel Spaß

machen!“ Als ich mich umdrehte, erblickte ich verwirrt eine schlanke elegante Dame, die einen Schleier trug und mir das Theaterbillett vor die Nase hielt. Ich stotterte etwas dahin. Das verschleierte Wesen ließ aber nicht locker und sagte freundlich-sanft: „Die Vorstellung fängt in wenigen Minuten an: Hier, nehmen Sie die Eintrittskarte!“
Inzwischen hatte ich verlegen die Mütze vom Wirsching genommen, während mir die verschleierte Dame das Billett in die Hand drückte und ich sagte stotternd: „Aber, ich hab ja gar kein Geld!“ Das war die reinste Wahrheit, es befand sich kein Pfennig in meinen Hosentaschen. Aber die Dame lächelte, soweit das hinter dem Schleier zu sehen war, und sagte: „Ach, das ist auch gar nicht notwendig. Ich wünsche Ihnen einen vergnügten Abend! Aber nun beeilen Sie sich. Das erste Klingelzeichen wurde bereits gegeben.“ Im Handumdrehen war die für mich fast überirdische Erscheinung verschwunden.

Der Heinerbub, der vor Aufregung kreuz und quer durchs Große Haus treppauf- und treppab gerast war, ohne sich die Theaterkarte anzusehen, wurde schließlich nach Beendigung der Ouvertüre in seinem verregneten Aufzug widerwillig vom Logenschließer, der sich um sein Trinkgeld geprellt sah, in eine verdunkelte Loge auf einen goldenen Sessel geschoben. Das durchweichte Cape legte er zusammengefaltet über die Knie.
In der Loge saßen noch zwei Personen, eine Dame direkt rechts neben dem Heinerbuben und, scheinbar dazu gehörend, ein Herr. Beide nahmen sehr vergnügt an den heiteren Vorgängen auf der Bühne Anteil. Dort zupfte der Bruno Harprecht, äußerst verjüngt, als Berliner Lausejunge ein fideles junges Mädchen an den blonden Zöpfen, wobei es sich um die bewunderte Jungfrau von Orleans ... nein, um die verehrte Käthe Gothe handelte. Aber bevor ich mich über die Vorgänge in Schöneberg im Monat Mai informieren konnte, geschah die erste höllische Überraschung, eine Art Vorspiel der dramatischen Vorgänge, die folgen sollten und somit das lustige Geschehen auf der Bühne sozusagen beiseite schoben.
Wie eine wildgewordene Schlange zischte plötzlich wütend das weibliche Wesen neben mir die völlig unverständliche Forderung: „Nehmen Sie sofort diesen Hund weg!“ Mir versagte schlagartig jede Schaltung im System meines Gehirns. Erst nach einer Wiederholung dieses unerfüllbaren Befehls und, nachdem sich nun auch der Begleiter der Dame einschaltete und den Logenschließer rufen wollte, kam der vor Schreck in sich zusammen-

GALERIE
Loge 5
Loge 6
Loge 7
Loge 8
Bitt'schön, die POSTSCHEENELOOSCHE! Bitt'schön!!!
Zu den Galerien

gesunkene Zwerg dazu, stotternd herauszuquetschen: „Hier ist doch gar kein Hund!“ Aber die komische Nachbarin zischte: „Doch. Er stößt ja immer mit seiner nassen Schnauze an meine Hand.“

Nun funkte es endlich in meinem Heinerschädel: Ich warf das triefende Cape nach links auf den Boden, und damit war der geheimnisvolle Höllenhund weg und die keifende Mamsell gab vorerst Ruhe. In mir aber wuchs die Gewißheit, hier fehl am Platz zu sein. Ich hockte wie ein Affe auf dem Nagelbohrer im weichen Polster des goldenen Sessels, nur mit dem Gedanken beschäftigt, mich bei der nächsten besten Gelegenheit zu verdrükken, entweder hinauf auf die Galerie oder, noch besser, gleich nach Hause zu verschwinden. Doch ich saß in der Falle!

Der Vorhang senkte sich zum ersten Mal, Beifall rauschte auf. Das ganze Haus, auch die Proszeniumsloge erstrahlte im hellen Licht: Da drehte sich diese „Hundemamsell“, die eben noch begeistert geklatscht hatte, um, erblickte den Heinerbuben und sprang, wie auch ihr Begleiter, sichtbar tief erschrocken, auf, und beide starrten entgeistert auf die in einem rot-goldenen Sessel ebenfalls sprachlos zusammengesunkene halbe Portion.

Ich sah in die vor Schreck weit aufgerissenen Märchenaugen des schönsten Mädchens, das ich dazumal kannte, der Elli aus Pfungstadt, einer Schwester meines Schulkameraden Otto Geiß. Ein Wasserfall von Fragen folgte, auch vom ebenfalls verstörten Begleiter, einem Pharmaziestudenten, der zur Zeit in einer Eberstädter Apotheke praktizierte. Die Elli aus Pfungstadt mußte glauben, daß der Heinerbub im Auftrag ihrer Brüder ihr als Spion auf die Spur gesetzt worden war. So mußte sie meine heiligen Eide und Versicherungen entgegennehmen, vor einer Stunde nicht einmal eine Ahnung von dieser Loge und noch weniger von ihrer Anwesenheit gehabt zu haben. Ich bot große und größte Ehrenwörter allen Formats an, daß ich keinem Menschen, am wenigsten dem Bruder Otto, von diesem so komplizierten Zusammentreffen etwas verraten würde. Den beiden Liebes-Deliquenten blieb nichts anderes übrig, als so zu tun, als glaubten sie allen Versprechungen. „Kein Feuer, keine Kohle kann brennen so heiß wie heimliche Liebe, von der niemand was weiß!“

Jetzt saß ich erst recht in der Falle, aber ich wurde nun in einer unerwarteten, höchst angenehmen Art und Weise von meiner unerfreulichen Lage abgelenkt, denn die schöne Elli war zum Entschluß gekommen, den vermutlich feindlichen Agenten

durch größte Freundlichkeit einzuwickeln. Der gute Fritz hatte eine sicherlich sehr teure Bonbonniere erworben, um ihr das Zusammensein mit ihm noch besonders zu versüßen. Darauf griff die schlaue Elli jetzt zurück und stopfte mir mit zarten Fingern die wunderbar schmeckenden Pralinen in das gefürchtete Mundwerk. Der Fritz mußte zähneknirschend zusehen, wie der Lausbub die kostbaren, für seine geliebte Elli bestimmten Leckerbissen restlos auffraß. Ich hatte seit dem Mittagessen nichts mehr zu mir genommen, kein Wunder, daß dieses Übermaß an Süßigkeiten in mir zu rumoren begann und es mir höllisch schlecht wurde.

Gerade als der Bruno Harprecht und die Käthe Gothe nun nach Jahrzehnten als gealtertes Greisenpaar wieder zusammenkamen, mußte ich mich beschleunigt nach der Separatloge 00 durchfragen, und ich erreichte mein Ziel mit Müh und Not.

Für die Mutter zu Hause stand später fest, daß der sonst doch recht stabile Heinerbub nur darum schlapp gemacht hatte, weil ihm das stabilisierende Theaterstullenpaket nebst Äpfel gefehlt hatte, mit dem sie normalerweise ihre kulturbeflissenen Familienmitglieder für ihre körperlichen und geistigen Kletterpartien auf den Olymp ausstattete.

Der Heinerbub hielt sein Gelübde des Schweigens. Der Fritz Sauer heiratete seine Elli und zog als Missionsapotheker mit ihr nach China und später nach Japan und zu den Karolineninseln der Südsee. Nach dem Tod seiner Mutter in Darmstadt hatte Fritz Sauer noch den alten Vater, einen Ofensetzermeister aus der Schloßgartenstraße, nach Kanton geholt. Er, der zu Hause nie Personal gehabt hatte, wurde nun von zwei chinesischen Dienern versorgt. Elli Sauer, Witwe geworden, lebt heute noch mit ihren beiden Söhnen, einem Pastor und einem Bildhauer, und deren Familien in Honolulu.

Adalbert Scheuermann

Zwischenfall in einer Zahnarztpraxis

Vor dem Ersten Weltkrieg bis etwa 1925 residierte in Darmstadt eine Koryphäe der Zahnbehandlungszunft: der Hofrat Dr. Witt. Er hatte seine Praxis nahe beim Neuen Palais und unweit der Ludwigskirche.

In Fachkreisen galt er als Großmeister der Goldhämmermethode, die er in der Tat auch vorzüglich beherrschte, d. h., er baute abgebrochene Frontzahnecken und andere Defekte in stundenlanger Fleißarbeit mit einem winzigen Hämmerchen kunstvoll, und vor allem haltbar, wieder auf. Natürlich mußten auch die Patienten sehr viel Geduld aufbringen und dabei manche Unanmehmlichkeit erdulden. Später wurde diese umständliche Behandlungsweise durch wesentlich einfachere Techniken ersetzt.

Der große Ruf, den der tüchtige Hofrat sich mit seiner Goldhämmermethode erworben hatte, führte dazu, daß auch viele Adepten der Zahnheilkunde sich bemühten, ihm als Volontäre assistieren zu dürfen, um dem Goldhämmerer die Feinheiten seiner Arbeitsweise abzugucken.

So standen auch im Jahre 1922 zwei hoffnungsvolle Volontärassistenten mit wachen Augen neben dem hofrätlichen Behandlungsstuhl, eifrig bestrebt, hinter die Geheimnisse der Goldhämmermethode zu kommen. Beiden war das Glück zuteil geworden, von dem berühmten Hofrat aus einem großen Kreis von Bewerbern ausgewählt zu werden. Es gab aber damals noch eine andere Koryphäe in der Stadt am großen Woog, eine geistig und körperlich überragende Persönlichkeit: Gemeint ist niemand anders als der baltische Philosoph Graf Hermann Keyserling.

Nach dem Zusammenbruch der bürgerlichen Welt versuchte er in subtiler und geduldiger Bemühung eine neue Schau des Lebens aufzubauen, und zwar mit Hilfe eines umfassenden Wissens und einer Fülle von Erkenntnissen, die er sich auf weiten Reisen in alle Teile der Erde und durch das Studium fremder Kulturkreise, besonders aber des asiatischen, erworben hatte. Vom Großherzog Ernst Ludwig eingeladen, ließ er sich 1919 in Darm-

stadt nieder und gründete hier die „Schule der Weisheit", die alljährlich geistig richtungweisende Tagungen veranstaltete.
Obwohl ich selbst einige bescheidene Bemühungen unternahm, mich über die „Schule der Weisheit" zu informieren, kam ich doch nicht in direkten Kontakt mit dem großen Philosophen, zumal keine meiner damals amtierenden Freundinnen zu bewegen war, sich mit mir auf den Stufen zum Tempel der Weisheit niederzulassen. Die netten Mädchen wollten lieber tanzen gehen oder in ein Kino geführt werden – und welcher junge Mann hätte solchen Anforderungen widerstehen können!
Aber dann ergab sich doch eine Gelegenheit, dem berühmten Philosophen persönlich zu begegnen, nämlich als Adept der Zahnheilkunde in der Praxis des hofrätlichen Goldhämmerers.
Das Zimmer, in dem sich diese Begegnung abspielte, war teils als Fachbibliothek, teils als Röntgenraum eingerichtet.
Die Technik der Apparatur, die dazu diente, mit durchdringenden Strahlen Unsichtbares sichtbar zu machen, hatte kaum Ähnlichkeit mit den späteren Röntgengeräten. Allem Anschein nach stammte sie noch aus der Pionierzeit dieser wichtigen Erfindung. Sie bestand aus einem schier unübersehbaren Gewirr von Leitungen und Drähten, die die gesamte Zimmerdecke überzogen, und einer ehrwürdigen gläsernen Röntgenkugel. Diese lauerte wie eine Spinne in ihrem Netz auf jegliche Opfer und jagte, sobald sie in Betrieb genommen war, penetrierende Strahlen nach allen Himmelsrichtungen durch Gerechte und Ungerechte.
Der Hofrat erklärte seinen Assistenten voller Stolz, er habe dieses technische Wunderwerk vor langen Jahren selbst gebastelt, als das noch recht komplizierte Röntgenverfahren nur in Kliniken zur Anwendung kam. Als fortschrittlicher Fachmann aber sei er bestrebt, auch was die technische Ausstattung seiner Praxis angehe, stets an der Spitze der Entwicklung zu marschieren. Ganz besonders hob er hervor, in der langen Benutzungszeit habe sich niemals eine ernstere Betriebsstörung ereignet und alle seine Schutz- und Sicherheitsmaßnahmen seien behördlich geprüft und anerkannt worden.

Genau unter der Strahlenkugel stand nun an jenem denkwürdigen Nachmittag des Jahres 1922, angeblich vorschriftsmäßig isoliert, ein Stuhl mit Kopfstütze, auf dem als Patient Graf Hermann Keyserling, vom Hofrat höflich aufgefordert, Platz nahm.
 Es dauerte einige Zeit, bis der große Philosoph seinen mächtigen

Graf Hermann Keyserling

Körper einigermaßen ausbalanciert und in die für ihn bequemste Haltung gebracht hatte.
In einer Zimmerecke, in relativ gesicherter Position, befand sich die Schaltvorrichtung, die der Herr Hofrat im Hinblick auf die weltweite Bedeutung des berühmten Patienten an jenem Nachmittag selbst zu bedienen beabsichtigte.
Wegen der Schwierigkeiten des gesamten Verfahrens erfolgten zunächst einige Generalproben. Hierbei hatte normalerweise die Praxishelferin zuerst statt des Röntgenfilms ein Pappblättchen gleichen Formats mit ihrem Finger im Mund des Patienten von innen gegen die Zahnreihe zu drücken. Dann wurde das elektrische Spektakulum eröffnet und mehrmals wiederholt, wobei droben im Netzwerk jedesmal mit ungeheurem Getöse wilde Blitze hin- und herknatterten.
Diese Generalproben sollten vor allem dazu dienen, das Nervensystem des Patienten an die zu erwartende psychische Belastung

zu adaptieren. Denn nur so konnte mit einiger Sicherheit verhindert werden, daß ein Mensch, der auf diesem Stuhl saß, bei der sich anschließenden eigentlichen Röntgenaufnahme durch die peitschende Jagd der elektrischen Energien erschreckt, plötzlich den Kopf einzog. Das aber hätte die Aufnahme verdorben und eine Wiederholung der Durchstrahlung notwendig gemacht.
An dem denkwürdigen Nachmittag war die sonst recht brauchbare und gesellige Praxishelferin scheinbar sehr gewitterempfindlich, denn, nachdem sie die Pappblättchen und auch den Röntgenfilm vorbereitet hatte, wie es üblich war, verließ sie das Zimmer und kehrte zunächst nicht wieder. Daraufhin mußte der jüngste Volontärassistent ihr Amt übernehmen und mit dem Finger zuerst die Pappblättchen, dann das Stückchen Röntgenfilm von innen gegen die Zahnreihe des Grafen drücken. Er übernahm diese ehrenvolle Aufgabe – wie er noch heute bekennt – freudig und gern, um mit ruhiger Hand und furchtloser Dankbarkeit zu beweisen, daß er bereit war, seinem hohen Chef jederzeit behilflich zu sein.
Der verehrenswerte Philosoph, Graf Hermann Keyserling, verharrte auf seinem Stuhl völlig passiv, in einer Art asiatischer Meditationsstellung. Stumm und mit weitgeöffnetem Mund saß der sonst so wortgewaltige Philosoph da. Bei den nun folgenden wiederholten Generalproben lief an seinem etwa handbreiten, aber ziemlich langen Konfuziusbart, der sich von der Unterlippe bis zur Mitte des Oberkörpers erstreckte, etwas Speichel herunter und kam dabei wohl auch mit einer ungewöhnlich langen metallenen Uhrkette in Kontakt, die, den Nacken des Philosophen umschlingend, sich vorne auf der Brust kreuzte. Vor dem Philosophen kniete gleichsam als Zauberlehrling der Volontärassistent, zusammengekauert und reglos, einmal, um das Pappblättchen beziehungsweise den Röntgenfilm fest gegen die gräflichen Zähne zu pressen, und zum andern, um nicht mit der elektrischen Hochspannung, die von der Decke herab wirksam werden sollte, in unsachgemäße Berührung zu kommen.

Nachdem die Generalproben zur Zufriedenheit des Zahngroßmeisters ausgefallen waren, schritt der Hofrat zu dem eigentlichen Aufnahmeakt. Der Schalter rastete hörbar ein, Blitze zuckten durch den Raum und im gleichen Moment krümmten sich zwei sehr ungleiche Gestalten am Boden, als hätte sie ein zorniger Gott höchst eigenhändig dorthin befördert. Gleichzeitig war das Feuerwerk im Drahtnetz der Zimmerdecke erloschen, aber wohl eher durch einen gnädigen Kurzschluß als durch das geistesgegenwärtige Hochreißen des Schalthebels durch die Hand des hofrätlichen Vollstreckungsbevollmächtigten.

Nach einer Schrecksekunde von unbestimmter Dauer stürzten sich der Hofrat sowie der ältere Volontärassistent auf die am Boden liegenden verschlungenen Gestalten, eifrig bemüht, den Menschenknäuel zu entwirren. Das war insofern schwierig, als der Finger des zur Mitwirkung so bereiten jüngeren Volontärassistenten sich noch immer zwischen den beiden, nunmehr aber krampfhaft geschlossenen Zahnreihen des Philosophen befand. Zum Glück hatte der Röntgenfilm hierbei offenbar als Schutzschild gewirkt und dadurch die Abtrennung des Fingers von der Hand verhindert.

Doch dieses kleine Wunder nahm außer dem direkt Betroffenen jetzt niemand zur Kenntnis. Statt dessen schob man das umgekippte Stühlchen zur Seite, um die also Niedergeschmetterten zu befreien. Der noch jugendliche Assistent erhob sich mit eigener Kraft vom Boden, der Philosoph aber bedurfte der Hilfe. Ziemlich mitgenommen wankte der Graf, vom Hofrat gestützt, zur Tür. Dort, auf der Schwelle zu der Schreckenskammer, war, durch das elementare Ereignis alarmiert, nun plötzlich auch die Praxishelferin wieder erschienen, beim Anblick der Katastrophe allerdings zu der aus der Bibel bekannten Säule erstarrt. Dennoch zuckte sie zusammen, als der Hofrat ebenso barsch wie lautstark nach einer Flasche Sekt verlangte. Zunächst freilich fehlte ihr jegliches Verständnis für diese Anordnung, denn während ihrer langjährigen Dienstzeit war bei den zahnärztlichen Behandlungen stets nur mit Wasser gespült worden. Doch plötzlich begriff sie den tieferen Sinn dieser Anweisung und holte eiligst aus den Privatgemächern des Hofrats das so energisch verlangte Lebenselixier.

Die Chaiselongue im eigentlichen Behandlungszimmer, auf die man den lädierten Grafen zu betten suchte, reichte kaum aus für seine lange, schwere Gestalt. Doch schlimmer war, daß man auf der Stirn des Philosophen eine rote Verbrennungsspur erblickte, die an der Nase vorbei zum Mundwinkel verlief.

Jetzt versuchte der Hofrat, dem liegenden und noch immer sprachlosen Lehrer der Weltweisheit kleine Schlückchen Sekt einzuflößen, während er sich selbst, als einem nicht unwesentlich Mitbetroffenen des gefährlichen Zwischenfalls, das Stärkungsmittel in größeren Mengen zuführte. Gleichzeitig veranstaltete er rings um die Liege eine Art Wiedergutmachungspantomime, begleitet von koloraturähnlichen Entschuldigungsansprachen. Aber die schier endlosen und komplizierten Erläuterungstheorien des zahnärztlichen Röntgendiagnostikers wurden immer verzwickter, sie glichen mehr und mehr dem dichten Draht- und Leitungsgeflecht an der Decke des Vollstreckungsraumes und trugen eher dazu bei, die Situation zu vernebeln, statt sie zu klären.

Schließlich wurde der Graf, in einer Mietkutsche verstaut, vom Hofrat persönlich nach Hause begleitet. Die tief erschrockene und sichtlich verstörte Praxishelferin war erneut unsichtbar geworden, und so verließen auch die beiden Adepten der Goldhämmermethode den Tatort, wohl wissend, daß sich – beim Barte des Konfuzius! – um Haaresbreite leicht ein Doppeltrauerfall hätte ereignen können.

Den Hofrat aber bestärkte der elektrische Zwischenfall in seiner Entscheidung, seine durch Inflation und gesellschaftliche Veränderungen ohnehin schon reduzierte Praxis in Darmstadt aufzugeben und nach Berlin überzusiedeln. Damit war wohl das Urteil über die in Selbstbauweise entstandene Röntgenapparatur gesprochen.

Der gemeinsam mit dem Philosophen in den Staub geschmetterte jüngere Volontärassistent gelangte nach fünf Wanderjahren über Wiesbaden, Karlsruhe, Ulm und Wien ebenfalls nach Berlin, wo er seinem ehemaligen Chef wiederbegegnete.

Gemeinsames Schicksal verbindet. Als dessen Nachfolger übernahm er 1927 die hofrätliche Praxis am Kurfürstendamm.

Inzwischen ist er in heimatliche Gefilde zurückgekehrt, und hat, indem er diese höchst bemerkenswerte Begebenheit überliefert, nicht nur einen wichtigen Beitrag zur Geschichte der Röntgen-Diagnostik in dieser Stadt geleistet, sondern auch das Andenken an den Philosophen Keyserling neu belebt.

Herbert Schmöckel

Hult mi up!

Ganz bestimmt war es nicht nur für mich äußerst erfreulich, als mein Vater sich tatsächlich entschloß, mir ein Motorrad zu kaufen. Mir wurde das freiheitsraubende Pensionsleben am Schulort bei „Tante Grete“ erspart, ihr ein unbequemer Schüler und meinem Vater das reichliche monatliche Pensionsgeld. (Kinder vom Lande waren gezwungen, in Pensionen zu leben, wenn sie das Gymnasium besuchen wollten. Diese Pensionen wurden oft von Witwen ehemaliger Lehrer dieser Schule geleitet).

Ich durfte schon vorzeitig meinen Führerschein machen. Dafür mußte man damals noch einen Motor zerlegen und wieder zusammensetzen.

So machte ich von 1927 an die hinterpommerschen Landstraßen mit meiner NSU unsicher. Tägliche Strecke: Kuhtz – Schlawe zur Schule, an den Wochenenden im Sommer Kuhtz – Ristow – Jershöft zum Baden in der Ostsee.

Etwas ganz Extravagantes waren die „Bäderrennen“ – internationale Motorradrennen – in der Ostseestadt Kolberg, zu denen mein Vater und ich gemeinsam mit dem Motorrad fuhren. Wir losten aus, wer den Hin- und wer den Rückweg für sich hatte. Dabei nahmen wir zur Kontrolle die genaue Zeit. Auf der Hinfahrt mahnte mein Vater ständig. „Langsamer, Junge, langsamer.“ Ich sagte auf der Rückfahrt kein Wort. Vater fuhr, animiert durch die Rennfahrer Henne (BMW), Bullus (NSU) –, das waren damals die berühmtesten Rennfahrer – wie ein Profi. Zu Hause hielt ich ihm nur die Uhr hin: er war fast 10 Minuten schneller als ich gefahren. Wir konnten nur lachen. In der Schule wurde ich mächtig bestaunt und beneidet, daß der berühmte Rennfahrer Henne zu meinem Vater an den Tisch gekommen war und wir mit ihm gesprochen hatten.

Daß es trotz meiner „vorsichtigen“ Fahrweise nicht ohne Unfälle abging, lag sicher mit an den pommerschen Landstraßen, ihren rechthaberischen Bauern, an Glatteis, Schneewehen bis über die Baumspitzen und manchmal auch an dem Wecker, der nicht laut genug geklingelt hatte. Selbst mit einer so schnellen 500er NSU brauchte man für die 20 km nach Schlawe doch seine Zeit. Als ich wieder einmal mit einem Schlüsselbeinbruch

Auf der Brücke über die Stolpe in Stolp (Hinterpommern)

zu Dr. Röhrich kam, sagte er nur in aller Ruhe: „Nun bestell Deinem Vater mal, daß ich Dich heute zum letzten Mal behandelt habe. Du brauchst gar nicht erst wiederzukommen!"

Vom Umweltschutz war damals glücklicherweise noch nicht die Rede: frische Luft, Ruhe und Stille hatten wir jede Menge zu Hause. Da regte sich also noch niemand über einen abgesägten Auspuff auf. Bloß das Hühner-, Enten- und Gänsevolk suchte gackernd und flügelschlagend das Weite. Dafür aber kam anderes Volk holzpantinenklappernd angelaufen, die kleinen Dorfjungen meine ich! Meine Mutter behauptete immer, sie hörte mich rechtzeitig genug, um das Mittagessen aufzutragen.

Als ich mit meinem Freund Hans in den Sommerferien zu den Segelfliegern nach Lonske Düne fahren wollte, ließ ich mir nach eigenen Entwürfen vom Dorfschmied einen abklappbaren Gepäckträger dafür bauen. Der Schmied wollte nun partout eine Probefahrt mit dem Motorrad machen, obwohl er nie auf einem gesessen hatte, geschweige denn damit gefahren war. Das Ding wog damals etwa 4 Zentner. Es wurde in Gang gebracht, und der Schmied Erwinke setzte sich mit seinem großen Lederschurz in Holzpantoffeln darauf. Zunächst ging alles gut, kein Hindernis auf der Straße, das nächste Dorf 7 km entfernt.

Erwinke durchraste Nemitz, Malchow, jetzt wollte er bremsen und umdrehen. Aber – wie ging das doch? – Er durchraste Alt-Bewersdorf laut schreiend: Hult mi up! Hult mi up! (was so viel heißt, wie: haltet mich auf!). Kein Retter weit und breit! Noch 2 km bis Schlawe! Zu allem entschlossen, hielt er auf einen Sturzacker zu, in dem sich die Maschine festfraß und endlich zum Stillstand kam.
Uns Zurückgebliebenen hatte die Zeit zu lange gedauert. Wir schwangen uns leicht besorgt auf Fahrräder und fuhren und fuhren, bis wir Erwinke endlich und unversehrt fanden.
Die Maschine wurde mit einem Pferdefuhrwerk nach Hause geholt.
Unser gegenseitiger Gruß war seit dieser Zeit: „Hult mi up, hult mi up!"

Karl Schott

Schutzmann Heil und der Große Woog

Bevor ich einiges von ihm erzähle, muß ich ihn lang nach seinem Tod um Verzeihung bitten, weil wir böse Buben ihn so oft geärgert haben. Dabei war er, wenn ich mich rückschauend erinnere, ein Mann von echtem Schrot und Korn, der am Woog nur Ordnung halten wollte, was uns Buben natürlich nicht paßte – wir verstanden es einfach nicht besser.
Er residierte in einem kleinen, weißen Holzhäuschen, das oben auf dem Woogsdamm nach der Stadt zu gestanden hat. Von dort aus konnte er den Woog überblicken und sehen, ob alles in Ordnung ging und ob kein allzu großer Unfug getrieben wurde. Es stand ihm ein Boot zur Verfügung, mit dem er sehr schnell die Wasserfläche befahren konnte, wenn er glaubte, irgend etwas sei nicht in Ordnung. Manchmal sah man ihn auch mit einem kleinen Segelboot auf dem Woog hin- und herfahren.
Ich darf nun zuerst einmal in meiner Erzählung abschweifen, um ein anderes Erlebnis festzuhalten. Wir Pennäler – es waren damals vielleicht ein halbes Dutzend – hatten in unserem Deutsch- und Geschichtslehrer einen guten Freund. Es war Prof. Dr. G., der im Sommer fast jeden Tag mit uns im Woog baden ging. Er war schon vor weit über 50 Jahren ein für die

Jugend aufgeschlossener Lehrer, der mit uns auch über Dinge, die außerhalb des Lehrplans lagen, diskutierte. Wir konnten frei unsere Meinung äußern, die er immer in die richtigen Bahnen zu lenken wußte. Er und wir saßen oft an einer Ecke der „Weißen Häuschen", die in Richtung „Insel", die damals noch nicht wie heute bebaut war, lagen. Wir Jungen haben oft mit ihm recht heiß debattiert. Für uns waren es immer Stunden, in denen wir unser Wissen bereichern konnten.

Prof. Dr. G. hatte mit ehemaligen Schülern, die sich als Freiwillige im Ersten Weltkrieg gemeldet hatten, regen Briefverkehr. Er hat uns, wenn wir mit ihm am Woog lagen, sehr oft vom Inhalt dieser Briefe erzählt. Einer der Briefschreiber hatte ihm am Schluß seines letzten Briefes geschrieben: „Das Spiel ist aus, es war zu schön, zu göttlich schön, um wahr zu sein". Am nächsten Tag ist er gefallen. Wir waren tief erregt und erschüttert. In unsere jungen Herzen fiel ein Hauch des Schicksals, den wir über zwei Jahrzehnte später am eigenen Leib verspüren mußten. Wir gingen, ohne ein Wort zu sagen, still nach Hause. Ich glaube, es war das erste Mal, daß wir das unerforschliche Schicksal gespürt haben.

Doch nun will ich wieder von Schutzmann Heil erzählen. Sein besonderes Augenmerk galt den „roten Fäßchen". Sie waren die Abgrenzung zum Damenbad, das von den Geschwistern Gunder, den Töchtern des alten Woogpächters, die auch Schwimmunterricht gegeben haben, streng behütet wurde. Und Schutzmann Heil fuhr mit seinem Ruderboot entlang den Fäßchen, besorgt, daß Jungen und Mädchen fein sittsam getrennt blieben. Damals wurde auf die „Moral" etwas gehalten.

Wir Buben aber, jetzt in einem Alter, in dem man recht gern schon nach den Mädchen sah, mußten dieses geheimnisvolle Gelände – es war wirklich eins – ergründen. Von den „Weißen Häuschen" sind wir nach der „Insel" hinübergeschwommen. Wir wußten, daß die Mädchen, die mit uns gemeinsam vormittags den Schulweg entlang gegangen sind, im Damenbad waren. Und woher wußten wir es? Kein Mädchen und kein Junge hat es damals aus natürlicher Scham gewagt, ein gutes und liebes Wort dem anderen Teil zu sagen. Heimlich und mit rotem Kopf wurden Briefchen, zusammengefaltet und ineinandergeschoben, ausgetauscht. Und die Mädchen und die Buben wußten, wo man sich nachmittags sehen konnte. In uns war eine nicht ausgesprochene Zärtlichkeit, die uns damals doch tief bewegte, aber auch herzlich froh machte. Ein Glück voll Seligkeit, soweit wir

Schutzmann Adam Heil (1852–1931)

jungen Leute überhaupt in diesen Dingen mitreden konnten, hat uns erfüllt.
Auf der „Insel“ lagen wir auf der Lauer und beobachteten das Damenbad, bis wir gesehen haben, daß aus dem Bad, das über der Wasseroberfläche ein rechteckiges Loch in der Wand hatte, die Mädchen herausgeschwommen kamen. Wir sind sofort zu den „roten Fäßchen“ geschwommen, und als wir dort waren, und uns an den Fäßchen hielten, haben die Mädchen und Buben kein Wort herausgebracht, lediglich ein schüchternes „Guten Tag“. Nun aber wurde das junge Völkchen aufgeregt, denn es sah den Kahn mit Schutzmann Heil daherkommen. Ich glaube, mich erinnern zu können, daß er laut mit einer Pfeife getrillert hat. Wir sind urplötzlich auseinandergestoben, und die Mädchen sind in das Bad und die Jungen auf die Insel zurückgeschwommen. Wir haben nur noch Schutzmann Heil, laut

schimpfend und in seinem Kahn eifrig rudernd, gehört. Eingeholt hat er weder die Mädchen noch die Buben. Wir waren doch zu schnell und haben auch Haken geschlagen d. h., wir sind getaucht und wieder hochgekommen. Es war ein abwechslungsreiches Spiel. Schutzmann Heil hat uns nicht fangen können. Wir waren flinker. Hinter uns war nämlich die Angst vor den Eltern und der Schule.

Aber, da wir nicht erwischt wurden, sind wir übermütig geworden. An einem anderen Tag haben wir uns langsam und weit auseinander schwimmend, den „roten Fäßchen" genähert. Morgens auf dem Schulweg haben wir den Mädchen schon gesagt, daß wir am Nachmittag in das Damenbad schwimmen würden. Die Mädchen haben uns davon abhalten wollen – sie haben ängstlich getan –, aber an ihren Augen haben wir doch gesehen, daß es ihnen nicht ganz unlieb war und daß sie es heimlich doch recht gern gesehen hätten.

Plötzlich haben wir getaucht und sind unter Wasser in das Damenbad geschwommen. Diese Aufregung und diesen Aufruhr haben wir wirklich nicht erwartet. Die Geschwister Gunder haben mit den Stangen, die sie zum Schwimmunterricht brauchten, nach uns geschlagen. Jetzt wurden wir aber ängstlich und waren gar nicht mehr so siegesbewußt. So schnell wir konnten, sind wir ausgerissen, untergetaucht und an die „roten Fäßchen" geschwommen. Da sahen wir auch schon Schutzmann Heil, der uns von seinem Häuschen aus beobachtet hatte. Wir waren von dem vielen Schwimmen und Tauchen schon recht müde, durften uns aber von Schutzmann Heil nicht erwischen lassen. Die Angst vor dem Elternhaus und der Schule hat unsere Kräfte verdoppelt. Es begann ein Fangspiel zwischen der Obrigkeit und uns, das zu unseren Gunsten endete. Wir haben uns durch Tauchen und Wiederauftauchen in einer anderen Richtung den Nachstellungen durch Schutzmann Heil mit knapper Müh und Not entziehen können. Er mußte ja auch wieder in sein Häuschen auf dem Damm, um den Woog zu überwachen.

Einige Zeit später sind wir doch wieder der Versuchung erlegen und haben das Spiel von vorn begonnen. Wir haben ja nur an Dummheiten gedacht und nicht daran, daß Schutzmann Heil sein nicht gerade leichtes Amt mit aller Strenge ausfüllen mußte. Er hatte ja auch darüber zu wachen, daß Badegäste vom Tod des Ertrinkens bewahrt blieben. Das alles ist uns erst viel später ernstlich zum Bewußtsein gekommen. Wir sind zu den „roten Fäßchen" geschwommen, haben uns mit den Mäd-

chen getroffen und einen Plausch gehalten. Was war dies alles, wenn ich heute zurückdenke, für ein harmloses Vergnügen, – nur die Freude und ein wenig Verliebtheit haben unsere Herzen höher schlagen lassen. Aber die Herzen sind doch plötzlich etwas tiefer gerutscht. Wir haben es nicht gemerkt, daß Schutzmann Heil in seinem Kahn rasch herangekommen und schon ganz in unserer Nähe mit wütendem Gesicht aufgetaucht war. Jetzt hat uns aber trotz der drohenden Gefahr der Teufel geritten. Wir haben, im Wasser schwimmend, wie aus einem Mund laut gesungen: „Alleweil, alleweil, do kimmt de Schutzmann Heil“. Das war zuviel für den Hüter des Gesetzes, und mit mächtigen Ruderschlägen kam er auf uns zugeschossen und war plötzlich unter uns. Wir versuchten zwar auszureißen, aber es war ein klägliches Unterfangen. Er tobte und schimpfte ganz

fürchterlich mit uns: „Was, ihr wollt mich verspotte, eich gebb ich's, ihr Lumbevolk. Eich hab ich schun lang beobacht". Auf einmal sah er mich und rief: „Dich kenn ich, mach dich uff wos gefaßt". Uns allen erschien es merkwürdig, daß er plötzlich abdrehte und in seinem Häuschen auf dem Damm verschwand.
Am nächsten Tag, als ich von der Schule nach Hause kam, empfing mich mein Vater mit nicht gerade freundlichem Gesicht. Mir ahnte nichts Gutes. Er fragte mich, was ich denn gestern angestellt hätte, und ich antwortete recht keck: „Nix". Jetzt wurde mein Vater doch recht ärgerlich und sagte wütend: „Du hast den Schutzmann Heil ausgespott. Schämst du dich net?". In meiner Angst sagte ich: „Ich hab niemand ausgespott". Und kaum hatte ich dies gesagt, hatte ich schon eine schallende Ohrfeige. Dazu hat mein Vater kategorisch verlangt, daß ich mich entschuldige, was ich natürlich auch getan habe. Schutzmann Heil hat bei der Entschuldigung ein Lächeln verdrückt, wie ich mich zu erinnern glaube.
Warum mein Vater so böse war? Er kannte Schutzmann Heil sehr gut, trotzdem hat er sich etwas geärgert, weil dieser ihm die ganze Geschichte abends am Stammtisch erzählt hat.

Karl Schott

Das „Schnookeloch"

Mein Onkel Hermann Sch. war in Darmstadt, Marktstraße, schon vor dem Ersten Weltkrieg ein wohlbekannter Gastwirt in der Schenke „Schnookeloch". Die Bezeichnung kommt von „Schnake", was so viel wie Schnurre oder einfach: Späße machen bedeutet. Die alten Darmstädter, die ich als kleiner Junge in der Wirtschaft kennen lernte, waren voll Uz, das heißt, sie hänselten gern und machten oft sehr deftigen Spaß. Wenn aber die Späße zu arg wurden, mußte ich die Wirtsstube verlassen und ging zu meiner Tante in den ersten Stock, wo sie die Küche hervorragend führte.
In der Marktstraße neben dem früheren Schuhgeschäft Schropp mußte man zuerst über zwei ausgetretene Stufen gehen und kam dann an den im Schummerlicht liegenden Eingang zur Gastwirt-

schaft. Ein kleiner Flur führte zu einer schon etwas ausgetretenen breiten Holztreppe und zur Küche im ersten Stock. Sie war ein behaglicher Raum, dessen Decke in der Mitte von einem großen Holz-Pfeiler abgestützt wurde. Was mich dort ganz besonders in seinen Bann zog, war ein Aufzug, der zur Gaststube lief. Er wurde mit einem Seil, das über Rollen ging, herauf- und hinunter gezogen. Von unten hörte man die Stimme meines Onkels dröhnen, wenn er Essen für die Gäste bestellte. Später habe ich den Aufzug gerne selbst bedient und die Speisen – was haben sie so gut geduftet! – in die Wirtschaft hinuntergeleiert. Ich muß an dieser Stelle einmal betonen, daß meine Tante sämtliches Essen von morgens bis oft spät in die Nacht ganz allein zubereitete und mein Onkel die Gastwirtschaft ohne fremde Hilfe geführt hat. Für mich war es vor mehr als sechs Jahrzehnten immer ein Fest, wenn ich bei der Tante frühstücken oder vespern durfte. Es gab hausgebackenes Bauernbrot, Bauernbutter und Handkäse (der gelaafe is!) aus einem großen Steinguttopf.

Ich habe staunend meiner Tante zugesehen, wie sie mit bewundernswerter Flinkheit, aber doch in Seelenruhe, das Essen zubereitete. Es gab verschiedene Speisen, je nach Art und Lebensweise des Gastes, gleich ob arm oder reich, ob aus einfachem oder gehobenem Beruf. Die Menschen wurden, wie ich es besonders in späteren Jahren beobachten konnte, sämtlich alle gleich behandelt.

Im Lokal standen drei oder vier Tische. Am Buffet – früher sagte man Schanktisch befand sich ein großer runder Tisch, an dem die Stammgäste saßen. Abends waren es meistens die selben Gäste, ausgelassen und trinkfest, voll sprühenden Witzes. Morgens in aller Frühe kamen die Griesemer (Griesheimer) Zwiwwel (das waren die Griesheimer Marktfrauen), die auf einer „Kringe“ (Tragkranz) über dem Kopf ihre Körbe, gefüllt mit vielen Sorten Gemüse, auf den nahegelegenen Markt brachten, der damals gut florierte und von dem gestrengen Marktmeister beaufsichtigt wurde.

Sie waren die ersten Gäste im „Schnookeloch“. Für sie war schon, besonders im Winter, eine dicke, heiße Gemüsesuppe bereit, die mit viel Behagen gegessen wurde. Manchmal wurde auch, insbesondere, wenn es kalt war, ein Schnäpschen getrunken. Es war ein laut schwatzendes und vergnügtes Volk. Später kamen die Handwerksleute: Schlosser, Schreiner, Maurer, Männer vom Hoch- und Tiefbau und andere. Die Gäste tranken ein

Viertelchen, meist Kartoffelschnaps, und dazu ein Glas Bier. In guter Eintracht (welcher alte Darmstädter Heiner kannte hier nicht den anderen!) wurde von den bescheidenen und harmlosen Erlebnissen vom Tage zuvor erzählt. Wenn es Zeit zum Aufbruch war, haben sie ihre sauberen roten oder geblümten Sacktücher, in denen sie ihr Frühstück eingewickelt hatten, aufgenommen, und dann ging es zur Arbeit.

Nun wurde es in der Gastwirtschaft etwas ruhiger. Hie und da kam aber immer nocht ein Gast. Meinen Onkel habe ich zu dieser Tageszeit oft gesehen, wie er hinter dem Schanktisch ein Nickerchen gemacht hat, bis ein Gast kam und rief „Hermann, wach uff!" Auch für meine Tante gab es nun wenigstens eine halbe Stunde Ruhe.

Dann kamen die wohlbeleibten und wohlsituierten „Schobbemaaster" (Schoppenmeister), selbstbewußt, im Gefühl ihres handwerklichen Könnens. Man sah schon ihrem Gesicht an, daß sie aufrechte Männer waren, die keineswegs verleugnen wollten, daß sie echte Heiner waren, was man aus ihren Gesprächen in der Darmstädter Mundart heraushören konnte. Zu ihnen gesellten sich die Diener aus dem Schloß, dem Archiv und dem Museum. Sie waren sauber gekleidet und gaben sich als feine Herren, wohl deshalb, um sich ebenbürtig neben den Handwerksmeistern zu behaupten. Das soll keine Abwertung sein, denn Handwerker und Diener waren gute Freunde. Es herrschte ein gutes Verhältnis, aber auch Verständnis zwischen den verschieden gearteten Männern. Die Handwerksmeister aßen schon am frühen Vormittag ein großes Rippchen oder gar ein ganzes Huhn. Kein Wunder, daß sie hungrig waren! Sie hatten auch schon um fünf, spätestens um sechs Uhr früh angefangen zu arbeiten.

Inzwischen war es auf dem Markt lebendig geworden. Die vornehm gekleideten Damen gingen mit ihren Dienstmädchen, die den Einkaufskorb tragen mußten, durch die in Reihen aufgebauten Stände und suchten sich die Ware, Gemüse oder Obst, aus. Zur damaligen Zeit wurde noch um jeden Pfennig gehandelt. Die Menschen waren trotz ihres Wohlstands sehr sparsam. Nachdem der Kauf getätigt und der Korb voll war, trennten sich die Damen von ihren Dienstboten. Just vor dem „Schnookeloch" wurde ein Schwätzchen gemacht, und oft standen dabei drei oder vier Frauen vor dem großen Fenster der Wirtschaft. Von innen wurden sie durch die Scheiben von den Gästen beobachtet, die ihren Erzählungen eifrig lauschten. Wenn die Frauen

Das „Schnookeloch“

vor der Wirtschaft das Schwätzchen zu lange ausdehnten, nahm einer der Gäste, ohne ein Wort zu sagen, einen Stuhl, machte die Tür auf, stellte den Stuhl ohne viel Aufhebens auf den schmalen Bürgersteig und lud wortlos zum Sitzen ein. Ängstlich sahen sich die Damen um, ob das nicht gesehen worden war und verschwanden lautlos, natürlich unter dem Gelächter der Gäste.
Aber es kam noch schlimmer. Die Frühstücksmeister bohrten in das große Fenster der Wirtschaft nach der Straße hin unten in die Holzeinfassung der Glasscheibe ein Loch. In der Ecke der Stube stand ein etwa 2 1/2 Meter langer Rohrstock. Waren wieder zwei oder drei Frauen am Plaudern auf dem Bürgersteig, nahm einer der Gäste den Stock, schob ihn durch das Loch, bis er an die Beine der Frauen stieß. Ich kann mich noch genau erinnern, daß ein Schrei auf der Straße zu hören war und die Frauen eilig auseinanderstoben. Die Gäste saßen mit todernstem Gesicht in der Gaststube. Später aber lachten sie lauthals. Manchmal aber lief eine resolute Frau, wenn sie recht „geuzt“ worden war, auf den Markt zu dem Schutzmann, der dort nach dem Rechten sehen mußte, und beschwerte sich. Der Schutzmann ging mit der Beschwerdeführerin zum „Schnookeloch“ – die Frau blieb wohlweislich an der Türe stehen –, zwirbelte seinen Schnurrbart und sagte den anwesenden Gästen gehörig Bescheid. Frau und Schutzmann gingen befriedigt weg. Es dauerte

aber gar nicht lange, da kam der Hüter des Gesetzes lächelnd in die Gaststube, ging an den Schanktisch, trank sein dort schon bereit stehendes Schnäpschen und machte befriedigt weiter seine Runde. So war das früher, und kein Mensch hätte sich über diese Art der Bereinigung einer Sache etwas Schlimmes gedacht.
Wie ich schon erzählt habe, trafen sich nach dem Abendbrot die Stammgäste an dem besagten runden Tisch. Es war ein lustiges, bunt zusammengewürfeltes Völkchen: Arbeiter, Beamte, Angestellte und Handwerker. Es wurde viel geredet, erzählt, oft gestritten, was aber bald wieder vergessen war. Alle Stammtischbrüder waren trinkfeste Leute, die gern bei Rede und Gegenrede tüchtig gezecht haben. Über dem Tisch hing an zwei, sich nach oben verjüngenden Ketten ein großes Krummschwert. An der Scheide waren mehrere Glocken mit verschiedenem Klang aufgehängt. Bei den Erzählungen der Gäste wurde oft aufgeschnitten, und bei zunehmender Fröhlichkeit hat auch das Aufschneiden zugenommen. Wenn es einem aus der Stammtischrunde zu viel war, rief er: „Der liggt widder, daß die Balke krache", zog an einem an dem Schwert hängenden Seilchen, und die verschiedenen Glöckchen läuteten. Die ganze Meute brach in schallendes Gelächter aus. Der Aufschneider mußte nämlich eine Runde zahlen. So hat man unter überquellender Fröhlichkeit eine Angeberei in Grenzen gehalten.
Das ist in großen Zügen die Geschichte des „Schnookelochs", des Wirtes, der Wirtin und der Gäste.

Ludwig Schroth

Die Locken meiner Braut

Das liebe Geld war auch schon 1925 knapp und für einen Polizeianwärter mußten viele Wünsche zurückgestellt werden, wenn er mit einem monatlichen Gehalt von 56,– Mark bei freier Unterkunft und Verpflegung ohne elterliche Unterstützung auskommen wollte. Doch haben wir uns damals damit zufrieden gegeben und waren glücklich dabei. Was neben den ständigen Geldsorgen jedoch hinzu kam, waren die überlebten Barrasmethoden, die man als Mittel zur Disziplinierung der Polizeitruppe als notwendig ansah. Die täglichen Appelle vor jedem Antreten waren für uns ein Schreckgespenst. Selbst persönlichste Dinge wurden gerügt und mußten erduldet werden, ohne daß wir uns dagegen wehren konnten.

So geschah es, daß an einem Montag beim Antreten nicht nur Anzug, Koppelzeug, Waffen und Leibwäsche, sondern auch der Brustbeutel vorgezeigt werden mußte. Rechts und links von mir standen stämmige Bauernburschen aus dem Odenwald und Oberhessen, die für zusätzliche Kost keine Löhnung anzugreifen brauchten, weil die heimatlichen Freßpakete und Geldzuwendungen ausreichten, den stets quälenden Hunger zu stillen. Dem Ausbildungsoffizier schien es Spaß zu machen, die Geldbestände der einzelnen Anwärter zu kennen, vielleicht, weil er selbst stets knapp bei Kasse war. Jedenfalls empfand ich es immer als eine Diskriminierung, wenn danach gefragt wurde. Rechts und links von mir wurden Beträge von 50 Mark und mehr genannt, während ich nur Pfennigbeträge nennen konnte. Mit einem verächtlichen Lächeln ging dann der Ausbildungsoffizier weiter. Doch eines Tages kam es noch schlimmer. Ohne mich zu fragen, wieviel Geld ich noch hätte, griff er nach meinem Brustbeutel und fühlte einen Papierschein, den er sich nicht erklären konnte. Mit zwei Fingern zog er einen alten, bereits ungültigen Zwanzigmarkschein hervor. Die Hölle war los. – Der Appell wurde sofort abgebrochen, der 1. und 4. Zug mußte einschwenken, und ich wurde vor die Front zitiert. Es folgte eine Strafpredigt, die nicht mehr übertroffen werden konnte. Kein Hund hätte ein Stück Brot mehr von mir genommen. Zum Schluß mußte ich abschnallen und wurde von zwei Kameraden wie ein Schwerverbrecher zur Kasernenwache geführt.

Dort saß ich nun bis zum Abend, als zufällig der Spieß vorbeikam und von dem Wachhabenden gefragt wurde, was mit mir geschehen solle. Der lachte über meine Geschichte und schickte mich auf meine Stube. Daß noch etwas nachkommen würde, war mir klar. Ich hatte ja auch Zeit genug, um mir eine beweiskräftige Aussage zurechtzubasteln. Da der Kompanieführer eine gewisse Schwäche für weibliche Wesen zeigte, was allgemein bekannt war, mußte ich auf diesen Sektor meine Taktik ausrichten. Ich zog deshalb meine Ausgehuniform an und ging in Richtung Stadt. Am Ende der Eschollbrücker Straße bemerkte ich vor mir ein blondes Darmstädter Mädchen, das ich als Opfer aussuchte.

Kurz entschlossen sprach ich sie an. Ich erzählte ihr mein Mißgeschick und die mir zur Last gelegte Beschuldigung. Zum Schluß bemerkte ich, daß nur sie mich vor einer Bestrafung retten könnte. Sie wäre gern dazu bereit, war ihre Antwort und fragte mich, was nun ihrerseits zu tun sei. Ich bat sie höflich, mir zu erlauben, aus ihrem schönen Blondhaar eine Locke herausschneiden zu dürfen. Sofort willigte sie ein, und wir begaben uns in einen Torbogen, wo ich mit Sorgfalt und Geschick eine Locke fachgerecht – ohne „Treppen" zu hinterlassen – herausschnitt. Um die Locke legte ich nun ein rotes Band und steckte sie in meinen Brustbeutel.

Am nächsten Morgen wurde ich – wie geahnt – zum Rapport befohlen, denn der Ausbildungsoffizier hatte mich beim Kompanieführer gemeldet. „Wie kommen Sie dazu, Herrn Oberleutnant zu betrügen?", war die Frage des Kompanieführers. Meine Antwort: „Herr Oberleutnant wurde von mir nicht betrogen. Er hat an diesem Tag nicht nach meinem Geldbestand gefragt, sondern ohne besonderen Anlaß nach meinem Brustbeutel gegriffen. Den ungültigen Zwanzigmarkschein trage ich schon immer als Talisman bei mir. Ich habe ihn noch nie bei meinen früheren Geldbestandsmeldungen mit einbezogen. Der Schein wurde von meinem verstorbenen Vater bei seinem plötzlichen Tod auf dem Bahnhof in Bad Nauheim mitgeführt. Alles, was mir lieb und wert ist, trage ich mit mir in meinem Brustbeutel". „Was ist Ihnen denn noch lieb und wert?", war die Frage meines strengen Richters. „Meine Braut", war schlagfertig meine Antwort. „Was tragen Sie denn von ihr bei sich?" „Eine Locke", war meine Antwort, und ich zog den mit rotem Band versehenen Haarstrang aus meinem Brustbeutel.

Theaterdonner und entwürdigende Kommißfloskeln folgten, die jedoch nur seine Niederlage verrieten. „Raus mit Ihnen" – Haltung! – Gruß! – Meldung: „Polizeianwärter Schroth meldet sich ab!" Dann war ich draußen vor der Tür und – grinste! Vor Erschöpfung – vor Wut – vor Erleichterung! War ich doch durch die Locke eines Darmstädter Mädchens von der schweren Anklage freigesprochen. Den Erfolg ihrer Hingabe konnte ich ihr nicht erzählen. Trotz eifrigen Bemühens habe ich sie nicht mehr getroffen. Vielleicht liest sie diese wahre Geschichte und gibt sich zu erkennen. Ich würde dann gern meinen längst fälligen Dank mit großer Herzlichkeit nachholen.

Ludwig Schroth

Schloßwache

Schloßwache

Vor 50 Jahren wurde die Schloßwache von der Landespolizei gestellt und vor dem Südausgang des Schlosses stand neben dem steinernen Schilderhaus ein Polizeiposten. Vom Postenbereich aus konnte man den heutigen Marktplatz mit dem historischen Brunnen überblicken. Ich stand neben dem Schilderhaus von 23.00 bis 1.00 Uhr Wache und bemerkte eine Gruppe junger Leute, die lärmend um den Marktbrunnen zogen. Meinen Postenbereich durfte ich nicht verlassen. Als ich gerade die Absicht hatte, einen weiteren Posten durch ein Klingelzeichen aus der Wache zu rufen, beobachtete ich, wie ein junger Mann in meiner Nähe vergeblich versuchte, seine Zigarre anzuzünden. Der starke Wind, so schien es, blies ihm mehrmals das Streichholz aus. In seinem vergeblichen Bemühen kam er verzweifelt auf mich zu und bat höflichst, ihm doch zu gestatten, seine Zigarre im Windschatten des Schilderhauses anzünden zu dürfen. In der späten Nachtstunde hatte ich keine Bedenken. Der Offizier der Ronde würde gerade auch nicht in diesem Augenblick kommen, um mir deswegen ein Wachvergehen vorhalten zu können. Die Bemühungen des jungen Mannes, seine Zigarre anzuzünden, wurden im Schilderhaus fortgesetzt, und ich war gezwungen, mein Augenmerk mehr auf die lärmende

Gruppe am Marktbrunnen zu richten, weil die Ruhestörung immer lauter wurde. Dies war Absicht und Planung. Denn als mir das Anzünden doch etwas lange vorkam, bemerkte ich ein kleines Wässerchen, das auf dem Boden des Schilderhauses herauslief. Kurz entschlossen ging ich auf den jungen Mann zu, packte ihn am Kragen und zog ihn aus dem Schilderhaus heraus. Dies war das Zeichen, denn die Brunnengruppe kam nun jodelnd auf mich zu mit dem Geständnis, daß alles nur ein Scherz sein sollte, und sie hätten die Wette abgeschlossen, daß man das Schilderhaus trotz des danebenstehenden Postens verunreinigen könne, ohne daß es bemerkt werden würde. Das war allerdings fehlgegangen. Ich alarmierte meinen Vorgesetzten, und die ganze Studentengruppe wurde mit zur Wache genommen. Der Wachhabende hatte Verständnis für diesen einfallsreichen Streich, doch Strafe mußte sein, allerdings etwas gegen die Vorschrift. Zum Beweis mußten die Studenten die ausgemachte Wette – bestehend aus einem Kasten Bier – auf die Schloßwache bringen. Heiter und scherzend wurden die Flaschen gemeinsam geleert und im Wachbuch, der Chronik der Schloßwache, stand: „Keine besonderen Vorkommnisse“.

Ludwig Schroth

Wer holt die Fahne vom Kreisamt?

Einen Monat vor dem politischen Umsturz des Jahres 1933 erhielt ich, als Führer des Darmstädter Überfallkommandos an diesem Tag, den Anruf, nach geschickter Überrumpelung habe die SS auf dem Balkon des Kreisamtes eine Hakenkreuzfahne gehißt, die sofort zu entfernen sei.
Als wir schon losfahren wollten, kamen mir Bedenken, ob ich in meiner Dienststellung als Polizeiwachtmeister für einen solchen, zum Teil doch politischen Einsatz überhaupt zuständig sei. Ich meldete deshalb die Angelegenheit im Geschäftszimmer der „politischen Bereitschaft“ und bat, daß einer der Offiziere das Kommando für diesen Einsatz übernehmen solle.

Ein Oberleutnant fand sich bereit, und nun ging es mit Tatü-Tata zum Kreisamt. Zunächst drängten wir eine große Menge Neugieriger – darunter auch getarnt – SA- und SS-Leute – auf den gegenüberliegenden Bürgersteig zurück und bildeten eine Absperrkette.

Der Einsatzleiter und ich meldeten uns beim Kreisdirektor. Dort erhielten wir den klaren Befehl, die Fahne vom Balkon herunterzuholen. Wir grüßten exakt und verließen wieder den Raum. Draußen im Flur erlaubte ich mir bei meinem Vorgesetzten die Bemerkung, daß es eigentlich nicht unsere Aufgabe sei, die Hakenkreuzfahne einzuholen. In meinem nun immerhin achtjährigen Dienst samt Dienstunterricht hätte ich noch nie von einer solchen Amtshandlung gehört. Ich schlug deshalb vor, den Hausmeister mit der Beseitigung der Fahne zu beauftragen; wir als Hüter der öffentlichen Ordnung hätten nur seinen Schutz zu übernehmen.

Dem Offizier leuchtete das ein. Der Hausmeister wurde gerufen; er erhielt den Auftrag. Als er dann die Fahnenkordel vom Mast lösen wollte, kam aus der Menge unten auf der Straße der Ruf „Händ' weg, odder du bist e Leich!"

Am ganzen Körper zitternd, kam der schon betagte Hausmeister zurück und meinte: „Des könne Se net von mir verlange!"

Wie geahnt, so geschehen: Der nächste war ich, der nun nicht nur einen Auftrag, sondern unmißverständlich den Befehl erhielt, die Fahne einzuholen. Jetzt galt es, taktisch geschickt zu manövrieren, denn:

Fahne einholen, dann war der Befehl zwar ausgeführt, doch bei einem eventuellen Umsturz war Entlassung oder vielleicht sogar noch mehr zu befürchten;

oder Fahne hängen lassen; das wäre Befehlsverweigerung, folglich Bestrafung und Entlassung wegen Unzuverlässigkeit.

Hier konnte eigentlich nur noch der liebe Gott helfen. Und er half, indem er mir schnell eine Idee eingab: Kurz entschlossen meldete ich mich mit sofortiger Wirkung krank. Der Oberleutnant wurde blaß; wütend sah er mich an; am liebsten hätte er mich wohl in Stücke gerissen. In letzter Verzweiflung flüsterte ich ihm zu: „Entscheidung des Ministers des Innern einholen!"

Das war auch für ihn der Ausweg, sonst hätte er in letzter Konsequenz selbst die Hakenkreuzfahne einholen müssen. Der Oberleutnant stürmte also zum Kreisdirektor, und nach kurzer Beratung ging ein Funkspruch an das Hessische Ministerium des Innern, Verwaltung der Schutzpolizei. Die Rückantwort kam

unverzüglich; sie lautete: „Stillschweigend geduldet werden, Hess. Ministerium des Innern“.
Ein kurzer Wink zum Sammeln. Wir bestiegen den Überfallwagen und fuhren zur Kaserne zurück. Unterwegs machte ich mir so meine Gedanken: Wie wird das alles weitergehen? Welche Zukunft haben wir zu erwarten? Das gesamte Überfallkommando war verunsichert. Dem Schauspiel fehlte der Schlußakt.
In der Kaserne wurde ich drei Tage „innendienstkrank“ geschrieben; der amtliche Nachweis meiner „Krankheit“ war erbracht.
Vier Wochen später kam der Umsturz; kaum zu glauben: die stolze Leuschner-Garde, wie wir genannt wurden, marschierte mit Hakenkreuzbinden durch die Straßen der Stadt. Am 20. April waren wir abends auf dem Paradeplatz (heute Friedensplatz) angetreten. Höhepunkt der Feier war der „Große Zapfenstreich“. Und dann folgten Beförderungen. Hauptleute zu Majoren, Oberleutnante zu Hauptleuten – und der Wachtmeister Ludwig Schroth zum Oberwachtmeister. Einzig dastehend, daß eine Beförderung wegen Nichtausführung eines Befehls ausgesprochen wurde.

Ludwig Schroth

Eine Falle für den „Spanner“

Vor fünfzig Jahren hatte die Jugend weitaus weniger Geld als heute zur freien Verfügung. Die Ansprüche waren geringer und großen Wünschen waren recht enge Grenzen gesetzt. Pop-Lokale und Discotheken gab es noch nicht, und es gab auch keine Rauschgift-Szene.
Mit der Freundin in ein Kino zu gehen, ihr eine Tasse Kaffee spendieren zu können, das war schon etwas besonderes. Meistens ging man mit der Auserwählten spazieren und genoß abends auf Bänken in Anlagen und Parks die Zweisamkeit.

Das hatte aber auch seine unangenehme Seite: Weil die Bänke häufig an Waldrändern oder in den Anlagen windgeschützt an Buschwerk standen, waren diese Stellen ein gutes Versteck für jene Zeitgenossen, die sich ein Vergnügen daraus machten, Liebespaare zu beobachten. Die „Spanner" oder „Lauscher", wie sie in Darmstädter Mundart heißen, nutzten aber auch häufig einen günstigen Moment während der Liebesbezeugungen des Pärchens, um dem Mädchen die Handtasche von der Bank wegzunehmen.

Uns Polizeibeamten waren solche Vorkommnisse auch bekannt, teils durch Anzeigen, teils bei uns Jüngeren durch eigene Erfahrung. Dem wollten wir Abhilfe schaffen. Gegen die „Spanner" mußte etwas unternommen werden.

Über den Auftrag hinaus, bei den Fahrradstreifen jene Gegenden, wo die unerwünschten Beobachter und Langfinger auftraten, besonders sorgfältig zu überprüfen, kamen wir auf den Gedanken, uns selbst als Liebespaar zu tarnen und den „Spannern" eine Falle zu stellen.

Wir setzten uns also zu zweit auf eine Bank, hängten uns den Regenumhang über, damit in der Dunkelheit die Uniform nicht zu erkennen war, hielten den Tschako unter dem Umhang verborgen, lehnten uns dicht aneinander und warteten nun, was kommen werde.

Zuerst geschah eine ganze Zeitlang überhaupt nichts. Dann aber hörten mein Kollege und ich plötzlich ein Geräusch hinter der Bank. Auf ein verabredetes Zeichen sprangen wir auf, stürmten links mit gezogener Pistole und rechts an der Bank vorbei, ließen die Stablampen aufleuchten und riefen laut: „Halt, Hände hoch, Polizei!"

Aber nichts regte sich mehr, und trotz genauem Durchsuchen der näheren Umgebung konnten wir niemanden feststellen.

Wir knipsten die Lampen aus, gingen zur Bank zurück, setzten uns wieder hin, schlugen wieder den Regenumhang um unsere Uniformen, hielten wieder den Tschako verborgen, warteten wieder, ob sich etwas tue – und dann hörten wir es erneut: Das verdächtige Geräusch. Wieder sprangen wir auf, suchten das ganze Gelände ab, noch sorgfältiger als beim ersten Male.

Dann kam die große Überraschung: Statt eines „Spanners" entdeckten wir im Laubgestrüpp zwei Igel beim Liebesspiel.

Noch heute amüsieren wir uns, wenn wir an jenen Abend denken.

Ludwig Schroth

„Ich geh' ja noch net haam!"

Als blutjunger Polizei-Unterwachtmeister wurde ich Mitte der Zwanziger Jahre in einer frostklaren Winternacht zum 3. Darmstädter Polizeirevier in die Alexanderstraße kommandiert. Während eines Streifengangs hörte ich plötzlich aus weiter Entfernung einen Lärm, der sich wie Schüsse aus einem Mehrladegewehr anhörte.

Ich ging dem sonderbaren Geräusch nach und traf einen jungen Mann, der sich einen Spaß daraus machte, mit seinem Spazierstock kräftig über Rolläden von Erdgeschoßwohnungen zu fahren. Das ratterte wie Maschinengewehrfeuer, und die Bewohner mögen sicher nicht wenig erschrocken aus dem Schlaf geweckt worden sein.

Auf meinen energischen Anruf „Unterlassen Sie sofort diesen Unsinn, Ihnen dürfte doch klar sein, daß dies grober Unfug auf dem Heimweg ist!" bekam ich eine überraschende Antwort: „Nadierlich waaß ich des, Herr Wachtmaaster; awwer ich geh' ja noch garnet haam!"

Auf diese Schlagfertigkeit eines Heiners war ich nicht gefaßt; fast beschämt wegen meiner etwas ungeschickten Frage, setzte ich meinen Streifenweg fort, ohne weitere „polizeiliche Handlung".

Ludwig Schroth

Die Strafzettel am Weihnachtsbaum

Weihnachten 1926. Als junger, lediger Beamter der Bereitschaftspolizei war ich mit anderen Kollegen einem der Darmstädter Polizeireviere zugeteilt, um älteren Polizeibeamten der Revierpolizei die Gelegenheit zu geben, den Heiligen Abend

im Kreise ihrer Familie mit Kindern und vielleicht schon Enkelkindern zu verbringen. Die Streifengänge wurden in jener Nacht von einem erfahrenen, älteren Revierbeamten zusammen mit einem jungen Kollegen der Bereitschaftspolizei durchgeführt.
Kurz nach Dienstbeginn an Heiligabend – der Dienst dauerte von 21 Uhr bis 7 Uhr am nächsten Morgen – erschien im 3. Polizeirevier in der Alexanderstraße Außendienstleiter Oberstleutnant Schröder, ein ehrwürdiger älterer Herr. Er hielt eine „Weihnachtsansprache“. Wie zu Bismarcks Zeiten auf den Degen gestützt, appellierte er an uns, wir sollten uns des verantwortungsvollen Dienstes zum Schutze der Darmstädter Bevölkerung auch in der Heiligen Nacht bewußt sein; es sei eine ehrenvolle Aufgabe, gerade in diesen Stunden Dienst zu tun.
Auf uns junge Staatsdiener machte diese Ansprache einen gewaltigen Eindruck, wobei wir die freiwillige Abwesenheit von unseren Angehörigen mit dem Gefühl stolzen Pflichbewußtseins ertrugen.
Zum Schluß seiner Rede ordnete Oberstleutnant Schröder Streifendienst-Erleichterung an. Dafür waren wir natürlich sehr dankbar, weil so der üblicherweise vorgeschriebene Streifenweg und die Hetze von Treffpunkt zu Treffpunkt wegfielen. Wir verbrachten den größten Teil unserer Dienststunden in der warmen Polizeiwache.
Um Mitternacht geschah es dann: Vor dem Revier hörten wir „ruhestörenden Lärm“. Eine Anzahl junger Leute sang, begleitet von Akkordeonmusik. Wir griffen zu Tschako und Koppel und stürzten hinaus, um die Ruhestörer zurechtzuweisen.
Was trafen wir an: Einige Studenten, die ihrer Polizei in der Heilgen Nacht ein Ständchen bringen wollten. Wir kreisten die nächtlichen Sänger ein und brachten sie zunächst einmal in die Wachstube. Dort stellten wir fest, daß sie auch einen Christbaum mitgebracht hatten, der voll mit Strafzetteln „geschmückt“ war; Strafzettel, die von der Polizei den Angehörigen einer Studentenverbindung im Laufe eines Jahres erteilt worden waren. Unter großer Heiterkeit wurden die einzelnen Strafzettel verlesen. Der „ruhestörende Lärm“ war vergessen. Anstelle einer neuen Anzeige gingen wir Beamte abwechselnd mit zum Verbindungshaus; und dort wurde die Eintracht zwischen Polizei und Studenten beim feuchtfröhlichen Umtrunk bekräftigt und bis in die frühen Morgenstunden fortgesetzt.

Johannes Stoll

Die Evangelische Woche 1937 in der Pauluskirche

Der Verfasser schrieb den nachstehenden Bericht für die Festschrift „Fünfzig Jahre Pauluskirche zu Darmstadt" im Jahre 1957. Auch er ist „erlebte Vergangenheit" und überdies von dokumentarischem Wert. Deshalb haben wir ihn in diese Sammlung aufgenommen und danken dem Kirchenvorstand der Paulusgemeinde sowie dem Verfasser für die Druckerlaubnis.

„Der Gott der Wahrheit will reden zu den Menschen der Gegenwart. Er hat der Kirche Christi befohlen, seine Botschaft zu hören, darüber nachzudenken und sie zu bezeugen."
Diese Worte standen auf einer Einladung, die im März 1937 in den evangelischen Gemeinden unserer Stadt und in ganz Starkenburg verteilt wurde. Es war die Einladung zur Evangelischen Woche in Darmstadt, die vom 31. März bis zum 4. April 1937 in unserer Pauluskirche stattfinden sollte.

Bereits am 19. Oktober 1936 hatte unser Kirchenvorstand beschlossen, die Pauluskirche für die Evangelische Woche zur Verfügung zu stellen. Dieser Beschluß war in jenen Jahren leider keine Selbstverständlichkeit. Es waren die bewegten Jahre des Kirchenkampfes, der in der hessischen Kirche ja mit einer besonderen Heftigkeit geführt wurde. Auch unsere Paulusgemeinde konnte und wollte sich aus diesem Kampfe nicht heraushalten. Obwohl die beiden damaligen Geistlichen der Paulusgemeinde, Pfarrer Arthur Müller und Pfarrer Robert Wolf, sich nach einer Zeit des Bedenkens eindeutig für die Bekennende Kirche entschieden hatten, konnte der Kirchenvorstand nicht zu einer einheitlichen Linie finden. Es gab starke Unruhe in der Gemeinde, Zustimmung und Ablehnung zur Entscheidung der beiden Pfarrer, Übertritte zur Paulusgemeinde und Austritte aus ihr. Dreimal glaubte der Kirchenvorstand, Anträge der Bekennenden Gemeinde um Überlassung der Pauluskirche ablehnen zu müssen. Um so erfreulicher war die Zustimmung zur Evangelischen Woche 1937. Allerdings konnte damals noch niemand ahnen, daß diese Tage dann so aufregend, so entscheidend und so segensreich für die Paulusgemeinde werden sollten.

Ich berichte über diese Tage an Hand unseres damaligen Protokolls und aus meiner noch lebhaften Erinnerung.

Pauluskirche

Ende 1936. Ein Arbeitsausschuß aus Geistlichen und Laien wird gebildet. Er übernimmt alle Vorbereitung und Verantwortung. Unterstützt wird er dabei von dem damaligen Generalsekretär der Evangelischen Wochen Pfarrer Eberhard Müller.
Anfang März 1937. Die Werbung wird durch Versendung von Einladungen, Plakatanschlag und Kanzelabkündigungen in aller Öffentlichkeit begonnen und ungehindert durchgeführt.
Dienstag, 30. März. Ein Tag vor Beginn der Evangelischen Woche!
17 Uhr. Pfarrer Wolf erhält folgendes Schreiben der Geheimen Staatspolizeistelle Darmstadt (Gestapo):

„Zur Aufrechterhaltung des kirchlichen und religiösen Friedens wird die in Darmstadt geplante Evangelische Woche Darmstadt auf Anordnung des Herrn Reichsministers für die kirchlichen Angelegenheiten verboten. Zuwiderhandlung wird bestraft."

18 Uhr. Die verantwortlichen Leiter der Evangelischen Woche, Pfarrer Wolf, Pfarrer Knell, Pfarrer Weinberger wollen bei der Staatspolizei vorsprechen, werden aber nicht vorgelassen. Eine Besprechung sei zwecklos, da das Verbot von Berlin verfügt sei.

(Wie wir später zuverlässig erfuhren, war das Verbot auf die Eingabe einer Darmstädter kirchlichen Stelle erfolgt.) Ein sofortiges Telegramm an den Kirchenminister in Berlin bleibt unbeantwortet.

Mittwoch, 31. März. Die Leitung ist sich darüber klar geworden, „daß es ihr vom Herrn der Kirche verwehrt ist, auf die in der Evangelischen Woche vorgesehene Verkündigung zu verzichten". Sie wird das Verbot der Gestapo nicht beachten.

20 Uhr. Eröffnungsgottesdienst. Pauluskirche und Gemeindesaal sind überfüllt. Die Predigt hält Pfarrer Dr. Lilje. In der Petruskirche spricht Pfarrer Busch, Essen. Nach den Gottesdiensten wird der Gemeinde das Verbot der Gestapo bekanntgegen mit folgender Erklärung:

„Es ist der Kirche Jesu Christi von ihrem Herrn nicht erlaubt, die Verkündigung des Evangeliums aus menschlichen Rücksichten zu unterlassen. Die Leitung der Evangelischen Woche weiß sich daher verpflichtet, allen, die in diesen Tagen die Botschaft des Evangeliums hören wollen, dazu Gelegenheit zu geben zu den im Programm vorgesehenen Stunden. Wir beginnen daher morgen früh um 9 Uhr den Tag in der Pauluskirche mit einer Bibelstunde von Pastor Busch, Essen."

Donnerstag, 1. April

9 Uhr. Bibelstunde von Pastor Busch, Essen. Während der Bibelstunde kommen zwei Polizeibeamte in die Sakristei und fordern die Leitung auf, sofort zur Staatspolizeistelle zu kommen. Der Leiter der Polizeistelle verlangt sofortigen Abbruch der Veranstaltung und droht mit schärfsten polizeilichen Maßnahmen. Bedenkzeit bis 14.45 Uhr.

10.30 Uhr. Vortrag Dr. Visser't Hooft „Gott und die Götter im Alten Testament".

14.45 Uhr. Der Staatspolizei wird folgende, von 30 Teilnehmern der Evangelischen Woche unterschriebene Antwort überbracht:

„Das Verbot ist eine Behinderung der missionarischen Arbeit der Evangelischen Kirche. Diese Arbeit ist der Kirche von dem Herrn Christus befohlen und keine Macht dieser Welt kann diesen Befehl ungültig machen. Wir haben darum um unseres Glaubens und Gewissens willen die Leiter und Redner der Evangelischen Woche gebeten, an der Durchführung dieser Wortverkündigung unter allen Umständen festzuhalten und erklären uns mit ihnen solidarisch."

16 Uhr. Die Polizei bittet die Leitung zu einer Besprechung und macht einen Vermittlungsvorschlag: die ausländischen Redner (Hartenstein, Basel, und Dr. Visser't Hooft, Genf) dürfen reden. Die vorgesehenen auswärtigen deutschen Redner erhalten Aufenthalts- und Redeverbot für Darmstadt. Bedenkzeit bis 17.30 Uhr.

17 Uhr. Telephonische Mitteilung an die Polizei, daß aus Glaubens- und Gewissensgründen die Woche programmgemäß durchgeführt wird. Hartenstein spricht über „Der Kampf um Jesus Christus im fernen Osten". Um 20 Uhr soll Pfarrer Busch sprechen über „Jesus Christus – Heiland und Herr".

18 Uhr. Zwei Polizeibeamte erscheinen in der Sakristei, um Pfarrer Busch das Redeverbot mitzuteilen. Busch ist nicht anwesend, er spricht in Mannheim.

19 Uhr. Ein großes Polizeiaufgebot erscheint, umstellt die Pauluskirche und sperrt sie ab. Zu der in der Kirche versammelten großen Gemeinde spricht derweil Pfarrer Weinberger. Pfarrer Busch, der inzwischen eingetroffen ist, kommt ins Pfarrhaus, von dort aus mit dem Talar über dem Arm durch den Bogengang, wo ungefähr zehn Polizeibeamte postiert sind, über die kleine Turmtreppe hinauf, Südempore, Ostempore und die große Turmtreppe hinunter in den Kirchenraum, wo er zur Verwunderung und Freude der Gemeinde plötzlich auf der Kanzel steht und seinen Vortrag hält. Nach dem Gottesdienst wird Pfarrer Busch auf der Straße festgenommen und zur Sakristei gebracht. Da er sich weigert, das Redeverbot anzunehmen, wird er verhaftet und ins Staatspolizeigefängnis gebracht (heutiges Studentenheim in der Riedeselstraße). Beim Abtransport von Pfarrer Busch singt die Gemeinde vor der Kirche „Ein feste Burg" und betet gemeinsam das Vaterunser.

Freitag, 2. April.

9 Uhr. Für Pfarrer Busch springt Pfarrer Weinberger ein und hält Bibelstunde.

10.30 Uhr. Pfarrer Goebels, Frankfurt, hält anstelle von Pfarrer Busch einen Vortrag über Erziehungsfragen. Während dieser Zeit sind die Pfarrer Wolf und Knell bei der Staatspolizei und versuchen vergeblich, Pfarrer Busch freizubekommen. Im Laufe der Verhandlungen machen die beiden der Polizei klar (d. h. sie versuchen es erfolglos), daß es sich um keinen Machtkampf mit dem Staate handelt, sondern nur um einen schlichten, aber entscheidenden Gehorsam gegenüber dem Herren Christus.

12 Uhr. Nach dem Vortrag bleibt fast die ganze Gemeinde in der Kirche, da sie weitere Maßnahmen der Polizei fürchtet. Zwischen 12 und 17 Uhr verbringt die Gemeinde die Zeit vor allem mit Singen – und Essen! Unsere unvergeßliche Frau Schüler richtet mit den Frauen der Gemeinde in kürzester Zeit im Gemeindesaal eine Verpflegungsstelle ein. Alle werden zum Mittag und zum Abend versorgt, niemand leidet Mangel!

17 Uhr. Dr. Visser't Hooft, Genf, hält seinen Vortrag „Aufruhr um Gott in der Völkerwelt".

19.45 Uhr. Ein Polizeibeamter sucht den Redner des Abends, Professor Sörensen, Dresden, um ihn am Reden zu hindern. Pfarrer Wolf kann ihn nicht holen, da Sörensen in der überfüllten Kirche unerkannt unter den Gemeindegliedern sitzt.
20 Uhr. Professor Sörensen hält seinen Vortrag „Stille aus Gott im Lärm des Berufs".
21.30 Uhr. Nach dem Vortrag sucht die Gestapo Professor Sörensen, der mit der Gemeinde die Kirche verlassen hat und nicht auffindbar ist.
22 Uhr. Die Polizei nimmt die drei leitenden Pfarrer Wolf, Knell und Weinberger mit zum Polizeiamt. Dort werden sie einzeln verhört, verhaftet und ins Staatspolizeigefängnis gebracht. An ihrer Stelle übernehmen die Pfarrer Wintermann und Pfarrer Wilhelm Köhler (Martinsgemeinde) die Leitung der Evangelischen Woche.
Samstag, 3. April.
8.45 Uhr. Zwei Überfallwagen erscheinen und ein großes Polizeiaufgebot umstellt die Pauluskirche und sperrt sie ab. Vikar Wolf, der spätere Männerwerkspfarrer, wird dabei verhaftet.
9 Uhr. Für die Gemeinde, die sich bereits in der Kirche befindet, hält anstelle von Pfarrer Busch Pfarrer Wilhelm Köhler die Bibelarbeit über Abrahams Glaubensgehorsam. Vor der Kirche hat sich eine große Gemeinde angesammelt, die nicht mehr ins Gotteshaus kann. Nach mehreren gemeinsamen Liedern sprechen zu ihr Pfarrer Lic. Fricke, Frankfurt, und Dekan Katz, Lörrach, von der Kirchentreppe aus.
10.30 Uhr. In der Kirche hat sich nach Beendigung der Bibelarbeit aus der Gemeinde Pastor Brandt, Bethel, erhoben und hält programmgemäß seinen Vortrag „Paulus über den christlichen Ehestand".
12 Uhr. Als die Gemeinde nach dem Vortrag das Gotteshaus verlassen will, sind sämtliche Türen bis auf den schmalen Zugang zum Küsterhaus zugeschlossen und mit Polizeiposten besetzt. Die Gemeinde ist sehr erregt, verläßt aber in Ruhe die Kirche. Pastor Brandt wird festgehalten, aber bald freigelassen, da er keinen weiteren Auftrag bei der Evangelischen Woche hat. Er fährt nach Mannheim, wo er ungehindert reden kann.
16 Uhr. Die Gemeinde will zum Nachmittagsvortrag in die Pauluskirche. Der Eintritt wird ihr verwehrt. Die immer mehr anwachsende Menschenmasse wird von Polizeibeamten langsam von der Kirche abgedrängt. Die Erregung ist sehr groß. Pfarrer Wintermann spricht an zwei Stellen zur Gemeinde und betet mit

ihr. Der Choral „Erhalt uns Herr bei Deinem Wort“ wird gesungen. Die Gemeinde geht tief bewegt auseinander. Die Pauluskriche bleibt besetzt und verschlossen. Die ganze Umgebung der Kirche wird eine zeitlang abgeriegelt und für jeden Verkehr gesperrt.

20 Uhr. Die Gemeinde versammelt sich in der Schloß- und in der Stiftskirche. In der Stiftskirche wird das heilige Abendmahl gefeiert. Die Pauluskirche bleibt auch während der Nacht besetzt und bewacht. Im kleinen Gemeindesaal ist ein Wachlokal der Polizei eingerichtet.

22 Uhr. Die neue Leitung der Evangelischen Woche versucht bei der Gestapo die Freigabe der Pauluskirche für den Sonntag zu erreichen. Der Versuch bleibt erfolglos.

Sonntag, 4. April.

Die Besetzung der Pauluskirche dauert an. Die Glocken schweigen. Die Gemeinde kann keinen Gottesdienst halten.

10 Uhr. Die Evangelische Stadtmission hat ihren Saal zur Verfügung gestellt. Dort sprechen, neben Stadtmissionsinspektor Bringmann, Landesbischof D. Wurm und Pastor Asmussen zur Gemeinde. Mit einer großen Abendmahlsfeier im Saal der Stadtmission geht die Evangelische Woche zu Ende.

Montag, 5. April.

Gegen 14 Uhr. Die Besetzung der Pauluskirche wird aufgehoben.

16 Uhr. Die fünf verhafteten Pfarrer werden freigelassen. Die Glocken fast aller Darmstädter Kirchen läuten.

20 Uhr. In zwei überfüllten Kirchen (Johanneskirche und Stiftskirche) werden Dankgottesdienste abgehalten. Es predigen Pfarrer Heinrich Köhler und Pfarrer Lenz.

Mittwoch, 7. April. Am Abend wird der Sonntagsgottesdienst der Paulusgemeinde gehalten.

Donnerstag, 8. April. Da die beiden Darmstädter Zeitungen inzwischen falsche Berichte über die Evangelische Woche gebracht haben, finden in acht Kirchen Abendgottesdienste statt, in denen zu den Gemeindegliedern über die Vorgänge bei der Evangelischen Woche gesprochen wird.

Dieser Bericht ist keine Heldenverehrung, wenn es auch stellenweise so aussehen mag. Wir haben keinen Machtkampf mit den damals Mächtigen führen wollen. Gott hatte uns einfach in eine Lage versetzt, in der wir gefragt waren, ob wir sein Wort und seine Verheißung ernstnehmen und gehorsam sein wollten, koste es, was es wolle. Daß eine Gemeinde da war, die ganz schlicht gehorsam war, nicht heldenhaft, sondern mit viel Angst, viel Herzklopfen und Kleinglauben, ist gut gewesen. Daraus ist viel Segen entstanden. Wir haben mit neuen Augen gesehen und mit neuen Ohren gehört, wir haben Seine Herrlichkeit gesehen. Daß wir Jahre danach in den Chor der wiederaufgebauten Pauluskirche das Wort aus Joh. 1 *„Das Wort ward Fleisch und wohnte unter uns, und wir sahen seine Herrlichkeit!"* schrieben, ist eine Frucht dieser Tage. Und wenn nun bei der endgültigen Wiederherstellung unseres Gotteshauses dieses Wort in den Bilderfriesen von Helmut Uhrig ausgebreitet und ausgelegt wird, so erfüllt uns das mit großer Freude und Dankbarkeit.

Diese Zeilen sollen noch ein Weiteres sein. Zum Ersten ein Gruß und ein Dank an alle, die damals dabei waren und ein Gedenken an die, die nicht mehr unter uns weilen, vor allem an Robert Wolf, Bernhard Knell, Georg Bringmann und Elly Schüler.

Zum Zweiten sind sie geschrieben für alle, die nun neu in unsere Gemeinde gekommen sind, damit sie etwas wissen von jenen entscheidenden Tagen und uns recht verstehen.

Und zuletzt soll unsere heranwachsende Jugend das lesen und hören und nicht vergessen, was Gott an den Vätern getan hat.

„Petrus aber und Johannes antworteten und sprachen zu ihnen: Richtet ihr selbst, ob es vor Gott recht sei, daß wir euch mehr gehorchen als Gott. Wir könnens ja nicht lassen, daß wir nicht reden sollten, was wir gesehen und gehört haben. Aber sie drohten ihnen und ließen sie gehen und fanden nicht, wie sie sie peinigten, um des Volkes willen; denn sie lobten alle Gott über das, was geschehen war."

(Apg. 4, 19–21)

Wilhelm Stühlinger

Darmstadt in schwerer und guter Zeit

Was ich aus meinen Erinnerungen an mein geliebtes Darmstadt berichten möchte, geschah in drei Etappen. Zunächst soll es eine Begebenheit aus den letzten Jahren des ersten Weltkrieges sein.

Kampf und Streitsucht lagen damals, wie immer in aufgeregten Zeiten, geradezu in der Luft. Was unsere Väter draußen an den Fronten in Ost und West in blutigen Schlachten taten, das meinten auch wir Buben daheim nachahmen zu müssen, nämlich einander zu bekämpfen.

Schon in aller Morgenfrühe ging es los! Kaum waren die beiden Züge aus dem Odenwald und von Groß-Zimmern am Ostbahnhof angekommen, die uns auswärtige Fahrschüler nach Darmstadt brachten, da formierten sich schon die feindlichen Kolonnen zu Angriff und Abwehr, auf beiden Seiten eine Art „Kleppergarde" mit hausgemachten Holzschuhen, deren ohrenbetäubender Lärm geradezu furchterregend klang. Unser Kriegsschauplatz war gewöhnlich der Meßplatz, der heute Mercksplatz heißt, den wir Auswärtigen auf dem Wege zu den drei „Höheren

Meßplatz am Schwimmbad

Schulen“, die wir besuchten, überqueren mußten. Diese Schulen lagen für beide Kampfgruppen sehr günstig. Das „Alte Realgymnasium“ stand am Kapellplatz, ihm gegenüber das „Ludwig-Georgs-Gymnasium“ und die „Ludwigs-Oberrealschule“ nebeneinander in der Kapellstraße. In unmittelbarer Nähe davon war die Altstadt, aus deren Gassen die Heinerbuben zusammenströmten, um uns mit Indianergeheul am Meßplatz zu empfangen und uns in jenen Hungerjahren das Frühstücksbrot wegzunehmen. Den „fettgefressenen Bauernknüppeln“ gegenüber, wie sie die Landbevölkerung damals pauschal beschimpften, meinten die Angreifer mit ihrem Mundraub sogar dem Gesetz zu entsprechen, denn die Polizei, die sowieso in jener Kriegszeit aus vorwiegend alten Männern bestand, ließ sich zu dieser frühen Morgenstunde nicht blicken. So blieb uns nichts anderes übrig, als unsere Bauernfäuste zu gebrauchen, und schon war die schönste Schlacht im Gange, mit erheblichen Blessuren auf beiden Seiten. Ohne blutende Wunden und blaue Augen trafen wir selten in der Schule ein, von den jüngeren Mitschülern ob unseres Kampfgeistes bestaunt, von den älteren hingegen hämisch verspottet.

Die Kriegszeit war schon eine Leidenszeit, auch für uns Buben aus Darmstadt und Umgebung.

Als ich nun selbst eines Tages meinen Gegner im Zweikampf bezwang und dadurch mein karges Frühstücksbrot retten konnte, war ich so aufgekratzt, daß ich mit „Stolz in der Brust und siegesbewußt“ meinen Schulweg mit lautem Pfeifen fortsetzte. Das aber gefiel offenbar unserem alten Schuldiener nicht, sonst hätte er den kleinen„Stadtpfeifer“ nicht an der Türe des „Alten Pädagogs“ mit der unvergeßlichen Bemerkung empfangen: „Klaaner, die Veegel, die wo so frieh pfeife, die frißt die Katz!“

Ich muß gestehen, daß er mir mit dieser Mahnung die Courage abgekauft und lange Zeit die Lust am Pfeifen gründlich verdorben hatte. Die Angst, die „Katz“ könnte ein „Fünfer“ werden, oder daß sonst etwas schief gehen könnte, ließ mich sofort wieder verstummen, sobald ich nur den Mund zum Pfeifen gespitzt hatte. Merkwürdig, daß eine solche kalte Dusche so lange anhält und sich sogar im Unterbewußtsein festkrallt. Selbst jetzt noch, als Siebzigjährigen, verfolgt mich gelegentlich diese Situation, die ich als Sextaner erlebte, im Traum, und ich bin dann jedesmal beim Erwachen heilfroh, daß die Notennot längst vorbei ist.

Aber den alten Schuldiener Becker vergesse ich nie. Vielleicht

Herrngarten-Café, 1927

hat auch sein damals zwar niederschmetternder, aber dennoch gut gemeinter Rat dazu beigetragen, daß ich in der Schule wie im Leben verhältnismäßig gut davongekommen bin.

Die zweite, besondere Erinnerung an Alt-Darmstadt ist entschieden schöner als die erste.

Diese Begebenheit geschah genau zehn Jahre später. Ich war damals Gießener Student im dritten Semester. Am Sonntag nach Pfingsten fand das alljährliche „Zwingenbergtreffen" der Deutschen Landsmannschaft diesmal ausnahmsweise in Darmstadt, und zwar in den Räumen der „Vereinigten Gesellschaft", Ecke Rhein- und Neckarstraße, statt. Als Tischdame wurde mir eine Altherrentochter meiner Gießener Studentenverbindung zugeteilt. Das war mir garnicht recht, weil ich viel lieber als freier Bursch herumwanzen und nicht Konversation machen wollte, wie man dies möglichst „gebüldet" tun sollte, wenn man sich einer Tischdame widmen mußte. Aber bald merkte ich, wie mich einige Neidhämmel um das bildschöne „blonde Kind vom Rhein" beneideten, was aber nicht der einzige Grund war, daß wir beide Gefallen aneinander fanden und bald Feuer fingen.

Natürlich sollte und durfte diese Begegnung nicht die einzige bleiben. Während der darauffolgenden Semesterferien, in denen ich öfters nach Darmstadt fuhr, um in der Landesbibliothek im Schloß die versäumten Vorlesungen nachzuarbeiten, verabredeten wir uns eines Tages im Herrengarten-Café, das die Darm-

städter „Aquarium" nannten. Es stand dort, wo heute das Musikpodium steht und die Herrngartenkonzerte am Heinerfest oder an Sonntagen während des Sommers stattfinden.
In fiebriger Erwartung hatte ich uns bereits einen kleinen Tisch in einem verschwiegenen Eckchen ausgesucht und schon kam sie genau zur verabredeten Zeit, was mir als „Pünktlichkeitsfanatiker" sehr gefiel. Vor lauter Begeisterung hätte ich mich aber beinahe blamiert, als der Ober kam und ich sie fragte, was ich bestellen dürfte. Ich dachte nämlich an Kaffee und Kuchen, doch sie entschied sich für Wein. „Es ist ja bereits fünf Uhr, da ist die Kaffeezeit doch vorbei", sagte sie, sich keineswegs entschuldigend, denn sie stammte aus Rheinhessen. Was blieb mir da anderes übrig, als mannhaft ebenfalls Wein zu trinken, was ich sonst garnicht gewöhnt war. Aber was tut man nicht alles, wenn man verliebt ist und der Angebeteten imponieren will.
Dieses Mädchen ist übrigens meine spätere Braut und jetzige Frau geworden, mit der ich inzwischen über vierzig Jahre lang verheiratet bin. Gefunden habe ich sie aber in Darmstadt vor nunmehr fünfzig Jahren.
Leider stehen die beiden Häuser nicht mehr, in denen sich für uns Beide so wichtige Entscheidungen vollzogen haben. Auch sie sind, wie so vieles im alten Darmstadt, den Bomben zum Opfer gefallen. Anstelle der „Vereinigten Gesellschaft", abgekürzt „V. G." genannt, ragt jetzt ein vielstöckiger Glas-Beton-Bau gebieterisch gen Himmel, und im Herrngarten gibt es kein Café mehr. Aber „Alte Liebe rostet nicht!"
Und nun noch die dritte für mich wichtige Erinnerung, wodurch Darmstadt meine endgültige Heimatstadt geworden ist:
Es war im Jahre 1949. Ganze Stadtviertel lagen noch in Schutt und Asche. Seit der Bombennacht vom 11. September 1944 waren viele Häuser und Schulen und fast alle Kirchen noch unbenutzbar. Nur das Martinsviertel war einigermaßen verschont geblieben, außer der Martinskirche, die bis zu den Grundmauern zerstört war. In die unversehrten oder nur wenig beschädigten Häuser des Nordviertels waren nun viele ausgebombte und obdachlose Familien aus der Innenstadt umgesiedelt und bis in die Mansarden und Keller hineingepfercht. Die beiden Pfarrer der Michaelsgemeinde waren im Laufe des Jahres 1949 durch Versetzung in den Schuldienst und Berufung in die Kirchenverwaltung ausgeschieden, so daß die inzwischen zahlenmäßig größte Darmstädter Gemeinde ohne Pfarrer war.
 Da kam eines Tages eine Abordnung des Kirchenvorstandes zu

mir nach Rheinhessen, um mich mit bewegten Worten geradezu anzuflehen, doch nach Darmstadt zu kommen und meinen Dienst in der verwaisten Gemeinde aufzunehmen. Ich gestehe ganz offen, daß mir ein solcher Entschluß recht schwer fiel, hatte ich doch in meiner rheinhessischen Landgemeinde mit viel Freude wirken dürfen. Außerdem konnten unsere Kinder in der ländlichen Umgebung ganz anders aufwachsen und die Hungersnot in dieser schweren Zeit besser überstehen als in einer ausgebombten Stadt. Doch alle diese verständlichen Bedenken wurden in kürzester Frist über Bord geworfen, weil mein Herz mir keine Ruhe ließ, seinem Drängen nachzugeben und dem Notruf aus Darmstadt zu folgen.

Ich muß gestehen, daß ich diesen Entschluß niemals bereut habe. Während der nun folgenden vierundzwanzig Dienstjahre als Pfarrer der Michaelsgemeinde, davon achtzehn Jahre auch als Dekan, bin ich mit meinem geliebten Darmstadt so innig verwachsen, daß es meine richtige Heimat geworden ist, in der ich am allerliebsten lebe und auch noch im Ruhestand dienen und wirken möchte, so lange mir Gott, der Herr, Zeit läßt und Kraft schenkt.

Hans Karl Stürz

Paradies Orangeriegarten

Mit meiner Kindheit und Jugendzeit ist einer der Darmstädter Gärten verbunden, der das Paradies unserer Spiele gewesen ist. Ich bin in einer Straße südlich des Orangeriegartens aufgewachsen. Hier gab es auf der oberen Terrasse zwei große Sandkästen, Schauplatz unserer Sandbaukünste, die weite Fläche bot sich zu Ballspielen an, ein paar Eiben dienten den Gewandten als Kletterbäume, ihre glitschigen „Rotzbeeren“ waren gefürchtete Wurfgeschosse, die seitlichen Rampen zu den unteren Terrassen schenkten im Winter bescheidenes, aber unermüdlich genossenes Rodelvergnügen, die ehrwürdigen, dichten Taxushecken lockten zum Versteckspiel – doch hier trat dann jene Gestalt auf, die überall und zu allen Zeiten dem Mißbrauch

eines Paradieses zu wehren berufen ist: der Engel mit dem flammenden Schwert, hier in der Person des Gartenaufsehers Kinkel. Er ging etwas mühsam und zudem kurzatmig an einem Stock von außergewöhnlicher Dicke. Wir nannten ihn sehr despektierlich „das Hinkel". Wenn er uns auf die oberste Terrasse zurückgescheucht hatte, war sein dienstlicher Auftrag erfüllt. Er entfernte sich humpelnd und wir blieben fürderhin ungeschoren – bis wir etwa Lust verspürten, in einen der drei „versenkten Gärten" auf der mittleren Terrasse, Olbrichs Beiträge zur Gartenbauausstellung von 1905, einzudringen. Sie waren verschlossen, und gerade das reizte dazu, über die ohnedies niedrigen Gittertore zu klettern. (Heute weiß ich, daß Anlage und Ausstattung dieser Gärten ganz vom Jugendstil geprägt waren.) Einen seiner dramatischsten Auftritte hatte das Hinkel, als eines heißen Sommertages Küsters Hermännche, der immer mehr wagte als wir anderen, nur – aber immerhin – mit einer Badehose bekleidet, im oberen Teich Kühlung suchte. Der geräuschvolle Auflauf um das Becken forderte Kinkels Aufsichtspflicht heraus. Mit geschwungenem Stock, Drohungen und Verwünschungen ausstoßend, näherte er sich. Das Hermännche aber konnte ihm wieselflink und klitschnaß entwischen, während sein größerer Bruder ihm die Kleider nachtrug.
Zu jener Zeit wurden die drei Tore des Gartens – das zur Klappacherstraße gab es damals noch nicht – „bei Eintritt der Dunkelheit" geschlossen, nachdem der Hofgartenwärter Wenz mit einer am Orangeriehaus angebrachten Glocke das Zeichen gegeben hatte. Nun war mein Vater, hauptberuflich Gardeunteroffizier oder „Gardereiter", wie man im Volksmund nach alter Tradition die Leibgardekompanie des Großherzogs nannte, zugleich Gärtner in der Hofgärtnerei der Orangerie und als solcher Inhaber eines Torschlüssels. Meine Mutter steckte ihn in die Tasche, wenn sie an Herbst- und Winternachmittagen mit mir in die Stadt zum Einkaufen ging. Kraft des ansehnlichen Schlüssels konnten wir nämlich den Umweg durch die Bessunger- und Ludwigshöhstraße abkürzen. Diese Heimwege durch den nachtdunklen, stillen Garten ... Manchmal begegnete uns ein anderer Schlüsselinhaber, gelegentlich tauchte plötzlich neben uns der Hund des Garteninspektors Weigold auf, von seinem Herrn alsobald zurückgerufen. (Weigold wohnte im Westflügel des Orangeriehauses.) Die Lichter der Häuser waren weit, weitgespannt und unverstellt der nächtliche Himmel. Daß die Sterne Namen haben, daß man seit unvordenklichen Zeiten mehrere

Der „Gelbe Garten" mit dem Teehaus

zu Bildern geordnet hat, erfuhr ich auf diesen Wegen aus dem Mund der Mutter zum erstenmal. Vielleicht widerfuhr mir sogar etwas, was über das Erfahren in Bezirke reicht, in denen sich in der kindlichen Seele die Fähigkeit zum Staunen und zur Ehrfurcht entwickelt. Damals mag eines der beiden Phänomene, die nach Kant „das menschliche Gemüt mit immer neuer Bewunderung erfüllen", für immer im Kinde eingesenkt worden sein: die Bewunderung des gestirnten Himmels über ihm.

Zuweilen war uns das Paradies tagelang verschlossen, und der Schlüssel öffnete das Tor allein dem Vater zu seiner Arbeitsstelle. Uns blieb dann nur der Blick zwischen den Eisenstäben am Südtor hindurch. Ein Fest wurde vorbereitet, und allerlei Podien, Zelte und Buden wurden aufgestellt. Einmal richtete die Großherzogin ein „Märchenfest beim kleinen König" aus, bei dem es reizende Kostüme und Gestalten aus wohlbekannten Märchen zu sehen gab, die beiden großherzoglichen Prinzen in alten hessischen Uniformen, den Großherzog, der sich leutselig – so nannte man das damals und er war es wirklich – mit Festbesuchern unterhielt. Abends – ich durfte auch jetzt noch dabeisein – wurde auf der unteren Treppe Mozarts Singspiel „Bastien und Bastienne" aufgeführt. (Daß es diese kleine Oper war, daß der Maler Hanns Pellar als Spielleiter die Welt seiner Rokokobilder in die Wirklichkeit übertragen konnte und

Richard Lert, Kapellmeister am Hoftheater, dirigierte, erfuhr ich freilich erst später.) Im Sommer 1914, zwei Wochen vor Kriegsausbruch, feierten die Darmstädter Krieger- und Militärvereine. In der Orangerieallee sah ich den Festzug, mit Militärkapellen, Uniformen und Fahnen reich ausgestattet. Außer dem Gesamteindruck von Menschenmassen, viel Lärm und Farben ist mir noch eine einzelne genaue Erinnerung geblieben: hoch zu Roß eine straffe Gestalt in der eigenartigen Uniform der Ulanen, unter dem seltsamen Helm ein lederbrauner Kopf mit scharfem Profil. Meine Mutter sagte mir, das sei der Generalfeldmarschall Graf Haeseler. Die Zuschauer jubelten ihm begeistert zu.

Als am Tag nach dem Fest die Tore geöffnet wurden und wir wieder Besitz von unserem Paradies ergriffen, gabs noch allerlei zu sehen: die Reste der mancherlei Bauten und ihren Abbau. Auf einem Bretterpodium fand ich einen Schnurrbart, einen richtigen falschen Schnurrbart, rotbraun und sehr buschig. Ich trug ihn heim, beneidet von den Spielgefährten, die aber auch da und dort Funde gemacht hatten. Mein Vater erzählte mir, daß ein historisches Stück aufgeführt worden sei: „Armin der Cherusker“. (Sein Verfasser war übrigens der um Darmstadts geselliges Leben verdiente Brandversicherungsrevisor und spätere Rechnungsrat Heinrich Enders. Als „Fraa Hannebambel“ glossierte er in Mundartgedichten städtische Ereignisse für den Darmstädter Täglichen Anzeiger.) Der Schnurrbart war zweifellos von einem der Germanen getragen worden, die im undurchdringlichen Teutoburger Wald – dargestellt durch Tannenbäumchen in Kübeln – die Römer besiegt hatten, gestern abend auf dieser Bühne.

Ich gestehe, daß oftmals dann, wenn ich mich mit der Geschichte des wilhelminischen Deutschland beschäftige, von Glanz und Gloria, von „schimmernder Wehr“ und vaterländischer Begeisterung lese, neben anderen Erinnerungsbildern an jene Zeit – Paraden auf dem „Exert“, Ausmarsch der Darmstädter Regimenter in den Ersten Weltkrieg – mir die Gestalt Haeselers und der rotbraune Germanenschnurrbart mit geradezu symbolhafter Wirkung erscheinen.

Eugenie (Jenny) Walter

Advent in Dorpat

Es ist Sonntag, der erste Advent. Frühmorgens gehe ich aus dem Hause. Draußen ist es noch dunkel, nur selten treffe ich einen Menschen. Es ist bitterkalt, große Schneeflocken tanzen durch die Luft. Ich ziehe den Kragen höher, bis an die Ohren. Der Frost kneift an der Nase. Bei jedem Schritt knistert der Schnee unter den Füßen.

Eilends lenke ich meine Schritte zur Schule. Von allen Seiten kommen dorthin die Schülerinnen mit roten Wangen und roter Nase angelaufen. Das Wintererlebnis draußen hat uns in feierliche Stimmung versetzt, die noch in Erwartung des Festes in der Schule gesteigert wird, das zum ersten Advent schon Tradition geworden ist. Alle Mädchen betreten das wärmende Schulgebäude in hellen Kleidern. Nur den Schülerinnen der oberen Klassen ist es vorbehalten, dieses Fest auszurichten und an ihm teilzunehmen. Im großen Saal stehen lange Tische, geschmückt mit Tannengrün und Kerzen. Auf ihnen verlocken Teller mit Gebäck, das tags zuvor in die Schule gebracht wurde, zum Zugreifen. Die Feier, auf die wir uns schon wochenlang vorbereitet hatten, und zwar eingeteilt in Gruppen, von denen jede eine andere Aufgabe übernahm, beginnt mit dem Einzug der Schülerinnen. Einige von uns waren für die Aufstellung der Klassen zuständig, damit schon das Betreten des Saales reibungslos vor sich gehen konnte. Einige Minuten vor 7 Uhr ertönt das Klingelzeichen durch das ganze Haus. Danach herrscht Stille. Die Schulleiterin an der Spitze, begleitet von den Lehrern und Lehrerinnen, betritt zuerst den Festsaal, es folgt der lange Zug der hellgekleideten Schülerinnen, alle schweigend. Die Sprecher, die als Einzelne oder im Chor Texte aufsagen mußten, hatten wochenlang tüchtig gepaukt, damit alles wie am Schnürchen klappen konnte. Zuerst hören alle die Worte aus der Heiligen Schrift. Jedes Jahr übernehmen diese Aufgabe andere Sprecherinnen. Dann setzt sich eine junge Lehrerin ans Klavier und alle Anwesenden singen mit Andacht aus vollem Herzen: „Macht hoch die Tür, die Tor macht weit". Nach Beendigung des feierlichen Programms wird an den Tafeln Tee gereicht. Die Gruppe der bedienenden Schülerinnen huscht leise zwischen den Tischen hin und her. Jeder trinkt und ißt und redet munter mit

seinen Nachbarn. Zwischendurch wird ein Adventslied gesungen. Plötzlich ertönt von einer Seite Gesang. Alle Gespräche verstummen. Die Sänger sind Primanerinnen, die im folgenden Frühjahr die Schule verlassen. Danach wird die folgende Klasse dran sein. So erlebten wir in der Oberstufe den ersten Advent.
Nach einer solchen Feier bin ich frohen Herzens und Mutes nach Hause gegangen, sie brachte eine wirkliche vorweihnachtliche Stimmung mit sich. Trotz des sonntäglichen frühen Aufstehens nahmen wir mit Begeisterung und Freude daran teil. Es ist mir nicht bekannt, ob es in einer anderen Stadt so etwas gegeben hat wie in unserer Schule, die ein Privatgymnasium für Mädchen war. Das war mein schönstes Erlebnis in unserer Schule in Dorpat in meiner Heimatstadt im Estland.

Lisbeth Wenner

Kindheit in Bessungen

Im Stadtteil Bessungen habe ich meine Kinderzeit verbracht. Wir wohnten in der Moosbergstraße. Damals war es noch möglich, mitten auf der Straße zu spielen. Nicht weit von dieser Straße entfernt, begann die Kastanienallee. Hier hatten wir einen großen Garten. Hörten wir Pferdegetrappel, gingen wir mit Schippe und Eimer los, um die „Knoddel“ aufzukehren. Für einen Eimer voll gab es immer eine Belohnung. Mit der kleinen „Knoddelpost“, einer vom Papa mit zwei Rädern und einer Deichsel versehenen Kiste, wurde die Tagesernte abends in den Garten gefahren und in einem Faß angesetzt.
Im Nachbargarten stand ein großer Birnbaum mit herrlichen Früchten. Wenn die Birnen reif waren, stiegen wir manchmal über den niedrigen Zaun und holten uns welche. Als der Nachbar merkte, wer ihm Birnen stibitzte, verbot er uns, über den Zaun zu steigen. Meinem Bruder und mir kam eine Idee. Mit einer langen Bohnenstange, in die wir oben einen großen Nagel schlugen, stachen wir uns die Birnen heraus. Eines Tages rief uns unser Nachbar an den Zaun und schenkte uns eine große Schürze mit Birnen, weil wir nicht übergestiegen waren. Es war uns aber dabei nicht so recht wohl. Jeden Freitagabend gab uns

Ludwigshöhstraße und Kuhschwanzeck

unsre Mutter ein kleines Töpfchen, einen Löffel und ein Stück Trockenbrot. So zogen wir zum Metzger Meß und holten uns Wurstsuppe. Auf einer Holzbank im Hof vom Schutzmann Lang aßen wir unsre gute Brühe. Pünktlich um halb sieben abends pfiff mein Vater vom Fenster aus einen grellen Ton, der häuserweit zu hören war. Das war das Zeichen, daß wir nach Hause mußten. Dort angekommen, wurden die Hände im Wasserstein aus rotem Sandstein mit Kernseife und Waschburste gereinigt. Dann erst ging es an den Tisch.

In der Herbstzeit kam ein Bauer mit seinem Pferdewagen und brachte Zwetschen. Die wurden zum Teil eingemacht, es wurden Kuchen gebacken für die Bessunger Kerb, und wir Kinder durften Zwetschen essen, soviel wir konnten. Wenn die Kastanien fielen, gingen wir morgens schon vor der Schule in die Allee mit einem Säckchen und lasen sie auf. Sie wurden gesammelt und dann zur Firma Keller und Sohn gebracht zum Verkauf. Damals gab es für das Kilo drei Pfennige. Das war unser Kerbegeld. Wenn es geschneit hatte, zogen wir mit dem Rodelschlitten hinauf auf die Ludwigshöh und rodelten die steile Hopserbahn hinunter.

Vier Jahre ging ich in die Bessunger Mädchenschule. Schon als Schulmädchen dichtete ich Verse zum Geburtstag für Eltern und Tanten. An Weihnachten trug ich alle Gedichte vor, die ich kannte, und man mußte mir Einhalt gebieten, damit ich ruhig war. Als der Erste Weltkrieg ausbrach, mußten wir die Schule räumen. Soldaten zogen mit Strohsäcken in unsere Klassenzimmer. Zu dieser Zeit hatten wir den Herrn Lehrer F. in Singen. Er war ein guter Lehrer, aber wir durften ihn nicht reizen, sonst wurde er heftig. Mit dem Geigenbogen ging er durch die Klasse und klopfte auf den Bänken den Takt dazu. Sangen wir falsch, wurde er wild und schrie: „Geht zum Metzger Kraft und kauft euch Hörner!" Als er das eines Tages wieder gesagt hatte, gingen wir zum Metzger Kraft, um zu erfahren, ob er Hörner zu verkaufen hätte. Er war erbost und herrschte uns an: „Sagt euerm Lehrer, er soll sich sei Herner selber wachse losse!" In der nächsten Singstunde, als Herr F. wieder bös war, habe ich erzählt, was der Krafte Osse (Oskar) gesagt hat. Da schwang er seinen Geigenbogen über meinem Kopf und wollte zuschlagen. Er tat es aber nicht, weil ich mich unter die Bank geduckt hatte. Seit diesem Tag hat er nie mehr so böse Wörter gebraucht.

In der Weihnachtszeit durften wir Kinder beim Backen helfen. Einer paßte dabei auf den andern auf, daß keiner so viel naschte. Die Kringelchen für den Baumschmuck machte Mutter selbst. Sie waren mit einem Guß bestrichen, auf den bunte Liebesperlen gestreut wurden. Mit grünem Stickgarn wurden sie an den Weihnachtsbaum gehängt. In der Neujahrsnacht durfte er geplündert werden. Da wir uns aber schon vorher bedient hatten, hingen in der Neujahrsnacht fast nur noch grüne Fädchen am Baum. Nach Weihnachten kam die Fastnachtszeit. Eine lustige Zeit. Im Jahr 1911 war ein großer Fastnachtsumzug und viele Kinder waren als Lapping angezogen. Mein Bruder und ich wurden als Lapping im Kinderwagen gefahren. Nach dem Umzug ging es zum Kinderfest in die Bessunger Turnhalle.

Wir hatten als Kinder ein glückliches Elternhaus. Ein trauriges Erlebnis war, als unser Vater 1914 einrücken mußte. In diesen ersten Augusttagen liefen wir Kinder immer wieder in die Ludwigshöhstraße zum Metzger Brunner. Dort hing ein Zettel mit der fettgedruckten Überschrift: MOBILMACHUNG. Wir mußten laufend nachsehen, welches Regiment zum Einrücken aufgerufen war. So stand auch eines Tages das Regiment meines Vaters auf dem Aufruf. Er mußte sich innerhalb von drei Tagen in Offenbach in einer Kaserne melden. Ich war gerade 11 Jahre alt, und wir konnten es nicht fassen, daß unser über alles geliebter Vater in den Krieg ziehen sollte. Nach drei Wochen kam er feldmarschmäßig zu uns. Meine Mutter brach in Tränen aus, und wir Kinder betrachteten stumm den Vater mit allem Gepäck und mit dem Gewehr. Beim Abschied trug er einen Helm und einen langen Säbel mit einem Portepee. Schön sah er aus, aber wehmütig blickten wir ihn an. Im zweiten Kriegsjahr wurde er in Frankreich verwundet und kam ins Lazarett – er hatte Glück, nach Darmstadt zu kommen, wo die Technische Hochschule als Lazarett eingerichtet worden war. Nach seiner Wiederherstellung kam er nach Rußland. Im Jahre 1918, zu meiner Konfirmation, hatte er Urlaub eingereicht, konnte aber nicht kommen, da er an Fleckfieber sehr schwer erkrankt war. Ein Pfarrer schrieb uns über diese Krankheit und machte uns wenig Hoffnung auf eine Besserung. Er schrieb in diesem Brief einen Spruch aus dem Römerbrief Kap. 12, Vers 12: „Seid fröhlich in Hoffnung, geduldig in Trübsal, haltet an am Gebet." Bevor ich zur Konfirmation in die Kirche ging, kniete ich vor dem Bild meines Vaters nieder und betete: „Lieber Gott, mache meinen Vater wieder gesund." Dieses Gebet wurde erhört, und er kam, wenn auch sehr spät, aus dem Krieg zurück. Dieses Bibelwort hatte ich mir als Konfirmationsspruch gewählt, ebenso zur Taufe und Hochzeit meiner Tochter Anneliese sowie beim Tode meines Mannes. Er soll auch mich auf meinem letzten Gang begleiten.

Lisbeth Wenner

Ein Erlebnis im Nachbarschaftsheim

Im Jahre 1947 öffnete das Nachbarschaftsheim im Prinz-Emil-Schlößchen seine Türen für Menschen, die in irgendeiner Form Hilfe brauchten. Ich erinnere mich noch gut, wie die Quäker kamen und uns ihre Hilfe anboten. Vom Tag der Gründung an habe ich im Nachbarschaftsheim viel Zeit verbracht, um Menschen zu helfen, die in Nöten waren. Vieles habe ich in diesem Haus gelernt und dabei Menschenkenntnis erworben. 1949 leitete ich einen Flickbeutelkreis, bei dem mich 13 freiwillige Helferinnen unterstützten. Berufstätige Frauen und Studenten brachten uns ihre Wäsche und Kleidungsstücke zur Ausbesserung.

Mosersches Schlößchen im Prinz-Emil-Garten (erbaut 1726)

Eines Tages kam aus dem Richthofen-Bunker ein etwa 30jähriger Mann und bat mich, ihm seine Hose etwas kürzer zu machen, Knöpfe anzunähen und ihr Bügelfalten zu geben. Was tun? Helfen wollte ich ja, aber wie? Es kam mir der Gedanke, ihn in die Toilette einzuschließen und mir die Hose unter der Tür durchreichen zu lassen. Ich gab ihm noch eine Illustrierte Zeitung, damit ihm die Zeit nicht zu lang werde. Immerhin mußte ich mit einer Stunde Arbeit rechnen.
Nach einer halben Stunde klopfte ich an der Toilette, um ihm zu sagen, daß die Hose bald fertig sei. Er saß treu und brav in seiner kleinen Kabine und sang dazu den berühmten Schlager von Zarah Leander: „Ich weiß, es wird einmal ein Wunder gescheh'n, und dann werden alle Wunder wahr . . .“ Endlich konnte ich ihm seine Hose unter der Tür durchreichen. Als er sich in der Nähstube in seiner gebügelten Hose vorstellte, strahlte er vor Freude, daß sie so schön geworden war. Ich ließ mir von ihm eine Mark geben, denn er sollte doch den Gedanken haben, daß er etwas gespendet hatte.
Wie war ich überrascht, als er acht Tage später wieder kam, bekleidet mit einer schlechten alten Hose. Er erklärte mir, im Bunker habe man ihm seine schöne Hose gestohlen. Er tat mir leid, und so habe ich ihm auch diese Hose gerichtet. Nach einer

Stunde bezahlte er mit Schlagergesang und einer Mark und zog von dannen. Aber noch mehr überrascht war ich, als er ein drittesmal kam und wieder um Hilfe bat. Da ging ich nun doch erst ans Telefon und mußte vom Herbergsvater hören, daß unser Freund seine Hosen jeweils im Bunker zum Preis von 8,– DM verkauft habe. Er hatte somit an jeder Hose 7,– DM verdient und diesen Gewinn in Schnaps angelegt.
Daraufhin wollte ich ihm aber nicht mehr helfen. Er brach in Tränen aus und sagte mir, er hätte Schulden und er wolle sie mit dieser Hose bezahlen. So ließ ich mich doch noch einmal erweichen, kürzte ihm die Hose und gab ihr wieder eine schöne Bügelfalte. Dann ging er – aber ohne Gesang – und kam nicht wieder.

Elsbeth Weyland

Begegnung mit Rabindranath Tagore

Ich war acht oder neun Jahre alt, als mich meine elf Jahre ältere Schwester Emilie zu einem Bummel über die Rheinstraße mitnahm. Plötzlich – zwischen Saalbau- und Grafenstraße – kam uns ein Mönch entgegen im weißen Gewand, der mich dermaßen faszinierte, daß ich spontan auf ihn zuging und ihm mit einem höflichen Knicks die Hand reichte. Sagen konnte ich kein Wort. Er nahm meine Hand, schaute mich an mit so wundervollen, gütigen blauen Augen, daß ich glaubte, es sei der liebe Gott persönlich. Wir wurden nämlich religiös erzogen, ich war sehr gläubig, und genau so stellte ich mir immer den lieben Gott vor. Blaue, gütige, strahlende Augen – das konnte nur der liebe Gott sein!
Er beugte sich tief zu mir herunter, schaute mich strahlend an, (ich strahlte bestimmt genauso zurück), er legte die linke Hand auf meinen Kopf und strich über meine Haare. Was er mir sagte, habe ich nicht begriffen; ich weiß nicht einmal, ob er deutsch mit mir sprach; es war so, als hätte er mich gesegnet. Ich war so glücklich über diese gütige Geste des Mönches und hätte am liebsten seine Hand für ewig festgehalten. Er muß das auch gefühlt

Rabindranath Tagore, 1921

haben, wie sehr ich ihn verehrte. Sein Händedruck war fest und dauerte eine kurze Weile.

Als er weiterging, schaute ich ihm versonnen nach. Meine Schwester, die während dieser Zeremonie etwas zur Seite stand, empfing mich dann mit den Worten: „Du hast mich schön in Verlegenheit gebracht; was hast du dir denn dabei gedacht? Weißt du überhaupt, wer das war?“ Ich sagte: „Ja, ich glaube, das war der liebe Gott!“ „Nein“, sagte sie, „das war Rabindranath Tagore.“

Elsbeth Weyland

Eine „märchenhafte" Begegnung

Es war im 2. Kriegsjahr 1916. Die Lebensmittel waren knapp. Einmal wöchentlich mußte ich mit zwei jüngeren Schwestern zu Fuß von Eberstadt durchs Mühltal über Nieder-Ramstadt nach Waschenbach laufen, um Milch und Eier zu hamstern. Besonders an heißen Tagen geschah das nicht ohne Tränen, denn ab Papiermühle war man bis Waschenbach der prallen Sonne ausgeliefert. Aber es half nichts, wir hatten eine Aufgabe, und die mußte erfüllt werden.

An einem solch heißen Tag waren wir wieder zu dritt unterwegs, mit Kannen und Körbchen beladen. Erste Rast in der Höhe der Kaiser-Mühle. Wir suchten uns ein schattiges Plätzchen, und ich stöhnte: „Ach, wenn es doch noch Märchen gäbe, und ein Schiffchen käme, das uns mitnehmen würde!"

Da hörten wir von weitem ein uns sehr bekanntes „Tatü-tata." Das Auto des Großherzogs. Zu dieser Zeit waren Autos noch eine Rarität. Ich sprang blitzschnell hoch, und schon kam das „Wunder" um die Ecke. Mutig erhob ich meine Hand, und das Märchen wurde Wirklichkeit. Das Auto, eine tolle Limousine, wurde angehalten. Insassen waren die Hofdame oder Erzieherin und die beiden Prinzen. Freundlich wurden wir gefragt, wohin wir wollten, und durften uns alle Drei hinten zu den beiden Prinzen setzen, was wir sehr gesittet auch taten. Ich erzählte, daß wir Milch und Eier holten. Die Hofdame fragte, ob bei dieser Hitze die Milch nicht sauer würde auf dem langen Heimweg. „Dann gibt es eben Dickmilch", antwortete ich, „die essen wir auch recht gern." Die Hofdame sagte: „Wir müssen nach Frankenhausen und kommen gegen 5 Uhr wieder zurück; wenn ihr am Ausgang von Waschenbach wartet, nehmen wir euch wieder mit!" Alle lachten herzlich, als meine 12jährige Schwester sagte: „Hamstern Sie auch in Frankenhausen?"

Es war eine wundervolle Fahrt. Unsere Bekannten in Waschenbach glaubten uns erst gar nicht, als wir sagten: „Wir werden gleich von den beiden Prinzen abgeholt und nach Hause gefahren!" Wir gaben mächtig an! Einige Leute auf der Straße blieben

Großherzog Ernst Ludwig vor seinem Opel

stehen und warteten auch, als wir erzählten, wer da gleich käme. Pünktlich hörten wir von weitem wieder das „Tatü-tata", und stolz wie Prinzessinnen stiegen wir in die Limousine. Wir wurden bis vor die Haustür gebracht, unsere Milch war gerettet, sie wurde nicht sauer! Mit Händedruck verabschiedeten wir uns von der Hofdame, den Prinzen und dem Fahrer, und so – als wollte er es uns Kindern vor Mutter und den Nachbarn auch bestätigen, was wir erlebt hatten – erklang bei der Abfahrt noch einmal das „Tatü-tata", – und ich glaubte wieder an Märchen!

Juliane Wörner

Blumen für die Kaiserin

Ein schönes Erlebnis, das lange Jahre zurückliegt, hatte ich in der Kaiserzeit, als ich noch ein junges Mädchen war. Es ereignete sich im Jahre 1913, liegt etwa 66 Jahre zurück, denn heute bin ich 85 Jahre alt.

Damals erlernte ich im Hotel meines Onkels in Bad Homburg die höhere Kochkunst. Alljährlich verbrachte das deutsche Kaiserpaar einige Wochen im schönen Schloß von Bad Homburg. Eigentlich weilte die Kaiserin, wie damals zu hören war,

Kaiser Wilhelm II. mit Gemahlin hoch zu Roß in Bad Homburg

lieber auf Schloß Wilhelmshöhe bei Kassel, aber sie folgte dem Kaiser dann doch nach Bad Homburg. Jeden Morgen kam der berittene Hofzug mit dem Kaiserpaar am Hotel meines Onkels vorbei und ich beobachtete ihn. Kühn, wie ich damals war, schloß ich eine Wette ab, daß ich imstande sei, den Hofzug am letzten Tag des Aufenthaltes des Kaiserpaares in Bad Homburg anzuhalten.

Gesagt, getan: Ich lief auf das Pferd, auf dem die Kaiserin vorbeitrabte, zu und rief zu ihr hinauf: „Ich möchte Ihrer Kaiserlichen Hoheit zum Abschied diese Blumen überreichen!" Die Kaiserin hielt ihr Pferd an und sagte freundlich lächelnd: „Ich danke Ihnen, liebes Kind. Diese Blumen werden heute mittag auf unserer Tafel stehen." Wie ich erfuhr, standen später die Blumen wirklich auf der kaiserlichen Tafel, und ich hatte meine Wette gewonnen. Der Vorgang ist in einem Bilde festgehalten, das eine liebe Erinnerung für mich ist.

Wilhelm Zimmer

Heiteres oder Besinnliches im Rückblick

Der unvergessene Robert Schneider hat mir mit seinem Rat: „. . . wannste's Lache net verlernst, werste Sieger bleiwe . . ." über manchen Tiefpunkt im Leben hinweggeholfen. Heiteres oder Besinnliches? – Da brauche ich nur zu blättern in den vielen Aufzeichnungen, die der Schüler und Student zu sammeln anfing. In Lehr- und Wanderjahren im In- und Ausland ist diese Sammlung mächtig angewachsen, die ich als glücklicher Vater und tätiger Bürger sinnvoll ergänzte und heute als Großvater ordne und pflege.

Der 12jährige Bub wird mit dem Krieg konfrontiert. Der Schulausfall bei jeder Siegesmeldung begeisterte zuerst – aber in den langen mageren Kriegsjahren wurde das kindliche Gemüt doch stark beeindruckt.

Bei der Konfirmation lag auf dem Altar der Stadtkirche die neue Decke mit dem Eisernen Kreuz, und der freisinnige Stadtpfarrer Wilhelm Vogel bemühte sich, uns die Worte der Königin Luise – auch eine Konfirmandin dieses Gotteshauses – nahe zu bringen: „Es kann in der Welt nur gut werden durch die Guten!" Und haben die Guten gesiegt?

Heute nach 60 Jahren hallen immer noch an vielen Stellen der Welt Schüsse – und was ist in der Zwischenzeit alles passiert!

Den jungen Verbindungsstudenten lehrte der Fuchsmajor – ein alter Frontkämpfer noch im feldgrauen Rock: „Viel Ungerechtigkeit sehen auf Erden – und doch am Glauben nicht irre werden, die Kraft zu üben täglich aufs Neue, dazu – o Herr – gib uns viel Kraft und viel Treue."

Mit ihrem Sinnspruch „Der Geist besiegt die Materie" hat die hiesige Alma Mater ihre Schüler ausgebildet und in die Praxis entlassen.
Vom ersten Arbeitsplatz aus fand ich bei einer Wanderung in die Zauberwelt der bayerischen Berge in die Giebelbalken eines Bauernhauses diesen Spruch eingestemmt: „Lasset uns am Alten – so es gut ist – halten, doch auf diesem alten Grunde – Neues bauen jede Stunde." Das wurde der Wegweiser auf meinem weiteren Lebensweg, auch wenn dieser noch um manche Ecke ging, bis er wieder heimführte.
All die großen Eindrücke einer Schiffsreise über den Ozean, das geschäftige Leben in und zwischen den Wolkenkratzern, selbst das Rauschen der Niagara-Fälle oder das stille Dahingleiten des gewaltigen Mississippi oder auch die klassischen Bauten Washingtons, ja selbst das kurze Erlebnis höfischer Prachtentfaltung im britischen Königreich – das waren nachhaltige Erlebnisse – aber wie viel ergreifender war dann der Gang über die Künstlerkolonie mit ihren Jugendstilbauten oder gar auf dem vertrauten Weg über das Oberfeld, der vor jeder Abreise und nach jedem Heimkommen in der Familie zum „Schicksalsweg" gestempelt war, denn „es ist eine wunderliche Sache um die Liebe zu dem Ort, wo unsere Wiege gestanden".

Und wieder pflügte der Schiffsbug den Ozean, dieses Mal das Kreuz des Südens anpeilend. Kasimir Edschmid, der schöngeistige Weltenbummler, hatte gerade sein Buch „Afrika – nackt und angezogen" herausgegeben. Das wurde mir jetzt zur harten, aber schönen Wirklichkeit. Die abschließende Fahrt rund um den schwarzen Erdteil hatte die Fülle der Eindrücke zwar stark vermehrt, aber auch die Sehnsucht nach der Heimat.
Dort wehten jetzt andere Fahnen und die vielen Feste machten viele glauben, der Schlüssel für die Zukunft sei gefunden.
Das junge glückliche Ehepaar stand unter dem herrlichen Portal der Schloßkapelle, mit dem dort eingemeißelten Spruch,, Das Wort Gottes währt in Ewigkeit".
Dann durften die jungen Eltern ihren ersten Sohn in der Deutschen Kirche von Lissabon – einem schlichten, aber doch meisterlichen Bauwerk von Otto Bartning taufen. Der portugiesische Pate schilderte uns wortreich das landläufige Sprichwort „Eine Familie ohne Kinder ist wie ein Haus ohne Fenster". Und dann kamen die Kinder und später die Enkel, und diese Zukunft legte gnädig einen Mantel des Vergessens auf die Zeit, als die

Nacht über unser Land und unsere Stadt hereinbrach und so viele menschliche und materielle Verluste zu beklagen waren. Nun war ich am Ziel – und stand vor einem Trümmerhaufen! Aber der Gedanke an die Vergangenheit und der Blick auf die heranwachsende Jugend stärkten den Mut zum Wiederaufbau und auch zur Übernahme außerberuflicher Verpflichtungen – auch um der Heimatstadt und ihren Bürgern zu dienen.

Georg Zimmermann

Die verbotenen Zigarren

Als mein guter alter Mitarbeiter im Staatsbauamt Darmstadt, Architekt Karl Stroh, nun schon viele Jahre im wohlverdienten Ruhestand, bestens versorgt und behütet von seiner Tochter, in Reichelsheim lebend – sich bei seinem früheren Chef für dessen Glückwünsche zu seinem 80. Geburtstag bedankte und ihn zu diesem Zweck im Dienstgebäude des Staatsbauamts am Friedensplatz besuchte, gab er folgende kleine Anekdote aus der jüngsten, nun schon so fernen Darmstädter Vergangenheit zum besten:

Als er in seinen jungen Jahren seine Rekrutenzeit bei den Darmstädter 115ern ableistete, war er des öfteren der Darmstädter Schloßwache zugeteilt. Diese Schloßwache hatte seit alter Zeit ihre Wachstube am Marktportal des Schlosses. Vor allen drei Ausgängen wurde Wache gehalten. Die steinernen Schilderhäuschen, damals auch noch vor dem Marktportal, dienten den Wachsoldaten als Regenschutz; heute sind sie nur noch architektonisches Beiwerk ohne Verwendungszweck. Die Wache war verantwortlich für den Schutz des Residenzschlosses und hatte die Besucher und die zahlreichen Passanten, die das Schloß meist nur vom Markt zum Theater oder umgekehrt durchqueren wollten, zu überwachen. Sie war also dafür verantwortlich, daß Frieden und Ordnung im Großherzoglichen Schloßbereich nicht gestört wurden.

Jedoch das strenge Reglement hinderte die jungen Kerle in der achtunggebietenden Uniform des Leibregiments nicht daran, sich manchen Unfug auszudenken. Der Sold war knapp, die jun-

gen Rekruten hatten stets leere Taschen, und der Genuß einer Zigarre – die Zigarette spielte damals noch keine Rolle – war für sie ein Wunschtraum, den sie sich kaum erfüllen konnten. Der Rauch aus den Zigarren der Passanten, die ihren Wachbereich durchquerten, stieg durch die begehrlichen Nasen in die Hirne der von solchen Genüssen ausgeschlossenen Schloßhüter, wo dann flugs ein kühner Gedanke reifte.
Nahte sich gemessenen Schrittes im Sonntagsanzug ein Landbewohner, die Zigarre feierlich im Munde, auf dem Weg durch das Großherzogliche Schloß, so wurde ihm von der Wache bedeutet, daß Rauchen im Schloßbereich verboten sei; auch das Mitführen brennender Zigarren sei nicht erlaubt. Am besten lege er seine angerauchte Zigarre auf der Steinbank neben der Schloßwache ab. War der also belehrte Delinquent außer Sicht, wurde die Zigarre sichergestellt, nachdem das Feuer ausgedrückt worden war. Nach der Wachablösung wurden dann in der Wachstube die gesammelten Zigarren mit Genuß gemeinsam zu Ende geraucht.
Herr Stroh ist nun schon seit Jahren tot. Sein Vergehen gegen das strenge Reglement des Großherzoglichen Leibregiments wird vor seinem himmlischen Richter wohl kaum schwer gewogen haben.

Nachwort

An die Leser!

Der Bitte der Herausgeberin entsprechend, gebe auch ich gerne diesem interessanten Band ein Wort an die Leser mit auf den Weg. Erinnere ich mich doch noch lebhaft des alten Stadtgesichts – zurück bis in die zwanziger Jahre und mancher hier liebevoll geschilderten Darmstädter Begebenheit.
Zum anderen fühle ich mich nach so vielen Jahren der Arbeit für die ältere Generation in besonderer Weise ihren ehrlichen Gedanken und wahrhaftigen Erinnerungen verbunden, über denen der Glanz der Herbstsonne liegt und die das Glück einer friedvollen Gegenwart durchscheinen lassen.
In rückhaltloser Offenheit schildert die geschundene Generation eines schrecklichen Jahrhunderts aber auch erlittene Not und Armut, Schrecken und Elend eines Lebens in Dienst und Pflicht. Ihr haben Maria Stirtz, gleichermaßen engagierte Journalistin und Kommunalpolitikerin, und der Seniorenrat mit dieser ausgezeichneten Sammlung in origineller Weise Dank abgestattet, wohl in der Erwartung, daß die Reise in die Vergangenheit, unerschöpfliche Frische provozierend, fortgesetzt, das Mosaik der Erinnerungen vervollständigt werden wird: Der Reichtum dieses Buches verpflichtet, und nirgendwo steht das Wort „Ende".
Dem Darmstädter Seniorenrat gebührt deshalb Anerkennung, nicht zuletzt für seine langjährigen Unternehmungen zugunsten älterer Menschen. Er hat sich die Empfehlung des Philosophen Michel de Montaigne (1581–1585 Bürgermeister von Bordeaux) zu eigen gemacht:
„*Wer nicht auch für andere lebt, der lebt kaum für sich*".

Horst Seffrin
Bürgermeister

Bildnachweis:

Archiv von Römer; die Autoren; Dr. Fritz Ebner: „Das alte Darmstadt", Eduard Roether Verlag, Darmstadt; Manfred Knodt: „Ernst Ludwig", H. L. Schlapp Verlag, Darmstadt; Stadtarchiv Darmstadt, ausgewählt von Carl Horst Hoferichter.